# Teoria do Ordenamento Jurídico

*O livro é a porta que se abre para a realização do homem.*

Jair Lot Vieira

# Norberto Bobbio

# Teoria do Ordenamento Jurídico

### Tradução
#### Ari Marcelo Solon
Professor de Filosofia e Teoria Geral do Direito
da Faculdade de Direito da USP

### Prefácio
#### Celso Lafer
Professor Titular da Faculdade de Direito da USP
Membro da Academia Brasileira de Letras e
da Academia Brasileira de Ciências

### Apresentação
#### Tercio Sampaio Ferraz Junior
Professor Titular da Faculdade de Direito da USP

© Copyright 2011 – G. GIAPPICHELLI EDITORE – TORINO

Copyright da tradução e desta edição © 2014 by Edipro Edições Profissionais Ltda.

Todos os direitos reservados. Nenhuma parte deste livro poderá ser reproduzida ou transmitida de qualquer forma ou por quaisquer meios, eletrônicos ou mecânicos, incluindo fotocópia, gravação ou qualquer sistema de armazenamento e recuperação de informações, sem permissão por escrito do editor.

Grafia conforme o novo Acordo Ortográfico da Língua Portuguesa.

2ª edição, 3ª reimpressão 2020.

**Editores:** Jair Lot Vieira e Maíra Lot Vieira Micales
**Coordenação editorial:** Fernanda Godoy Tarcinalli
**Tradução:** Ari Marcelo Solon
**Prefácio:** Celso Lafer
**Apresentação:** Tercio Sampaio Ferraz Junior
**Revisão:** Equipe Edipro
**Revisão técnica:** Luiz Sérgio Henrique
**Diagramação e Arte:** Heloise Gomes Basso, Karina Tenório e Simone Melz

Dados Internacionais de Catalogação na Publicação (CIP)
(Câmara Brasileira do Livro, SP, Brasil)

Bobbio, Norberto

   Teoria do ordenamento jurídico / Norberto Bobbio ; tradução de Ari Marcelo Solon; prefácio de Celso Lafer; apresentação de Tercio Sampaio Ferraz Junior. – São Paulo : Edipro, 2. ed. 2014.

   Título original: Teoria dell'ordinamento giuridico.
   ISBN 978-85-7283-614-2

   1. Ordem jurídica. I. Título. II. Série. 1. Ordem jurídica. I. Título. II. Série.

11-01403                                    CDD-340.11

Índice para catálogo sistemático:
1. Ordenamento jurídico : 340.11

São Paulo: (11) 3107-7050 • Bauru: (14) 3234-4121
www.edipro.com.br • edipro@edipro.com.br
@editoraedipro    @editoraedipro

# SUMÁRIO

PREFÁCIO – CELSO LAFER | 9

APRESENTAÇÃO – TERCIO SAMPAIO FERRAZ JUNIOR
O PENSAMENTO JURÍDICO DE NORBERTO BOBBIO | 21

**TEORIA DO ORDENAMENTO JURÍDICO | 33**

CAPÍTULO 1
**DA NORMA AO ORDENAMENTO JURÍDICO**
1. Novidade do problema do ordenamento | 35
2. Ordenamento jurídico e definições do Direito | 37
3. Nossa definição do Direito | 42
4. Pluralidade de normas | 45
5. Os problemas do ordenamento jurídico | 47

CAPÍTULO 2
**A UNIDADE DO ORDENAMENTO JURÍDICO**
1. Fontes reconhecidas e fontes delegadas | 49
2. Tipos de fontes e formação histórica do ordenamento | 52
3. As fontes do Direito | 55
4. Construção escalonada do ordenamento | 58

# 6 | TEORIA DO ORDENAMENTO JURÍDICO

5. Limites materiais e limites formais | 62
6. A norma fundamental | 66
7. Direito e força | 71

## CAPÍTULO 3
### A COERÊNCIA DO ORDENAMENTO JURÍDICO

1. O ordenamento jurídico como sistema | 77
2. Três significados de sistema jurídico | 80
3. As antinomias | 85
4. Vários tipos de antinomias | 89
5. Critérios para a solução das antinomias | 93
6. Insuficiência dos critérios | 98
7. Conflito dos critérios | 104
8. O dever da coerência | 108

## CAPÍTULO 4
### A COMPLETUDE DO ORDENAMENTO JURÍDICO

1. O Problema das lacunas | 113
2. O dogma da completude | 117
3. A crítica à completude | 119
4. O espaço jurídico vazio | 123
5. A norma geral exclusiva | 127
6. As lacunas ideológicas | 133
7. Vários tipos de lacunas | 135
8. Heterointegração e autointegração | 137
9. *A analogia* | 141
10. Os princípios gerais do Direito | 146

## CAPÍTULO 5
### AS RELAÇÕES ENTRE OS ORDENAMENTOS JURÍDICOS

1. A pluralidade dos ordenamentos | 151
2. Vários tipos de relações entre ordenamentos | 154
3. Estado e ordenamentos menores | 158

SUMÁRIO | 7

4. Relações temporais | 161
5. Relações espaciais | 165
6. Relações materiais | 167

REFERÊNCIAS | 171

# Prefácio

## I

"A tarefa da inteligência humana é tirar o valor das coisas da obscuridade para a luz", observa San Tiago Dantas na sua grande conferência sobre o Quixote (DANTAS, 1948, p. 16). A obra e a atuação de Norberto Bobbio cumprem de maneira exemplar esta tarefa atribuída à inteligência humana por San Tiago Dantas. Com efeito, nos diversos campos do conhecimento a que se dedicou – entre eles o da teoria geral do direito, o da política, o das relações internacionais, o dos direitos humanos, o das interações entre os intelectuais e a política no mundo contemporâneo – a palavra de Bobbio tem o dom de clarificar, esclarecer e iluminar. Em suma, graças a Bobbio, como apontam em *Ossi di Sepia* os versos do grande poeta italiano Montale, *tendono a la chiarità le cose oscure*.

No campo jurídico, uma das características da obra de Bobbio é ter privilegiado uma filosofia do direito *sub specie juris*, voltada para os problemas e desafios suscitados pela experiência jurídica. Nesse contexto, cabe apontar, juntamente com Ruiz Miguel, que o modo recorrente do trabalho intelectual de Bobbio é o artigo com um problema como ponto de partida, cujos termos são esmiuçados para um subsequente encaminha-

10 | PREFÁCIO

mento com base na análise crítica de diversas posições (MIGUEL apud BOBBIO, 1980, p. 16). É a qualidade e a pertinência de suas análises e considerações no trato dos problemas da vida do Direito que o tornaram um excepcional ponto de referência para o mundo jurídico.

Riccardo Guastini, um dos grandes estudiosos da obra jurídica de Bobbio, considera o estilo analítico uma das características mais notáveis de como esse autor foi elaborando a sua teoria do direito (GUASTINI, 2005, p. 51-79). Uma das dimensões do estilo analítico de Bobbio é o de dividir, distinguir e seccionar para considerar as coisas nos seus elementos mais simples. Nesse sentido, a análise contrapõe-se à síntese, e Bobbio indica, na sua defesa da filosofia do direito de juristas em contraposição à dos filósofos, que é "sempre preferível uma análise sem síntese (que, com frequência, se critica os juristas filósofos) a uma síntese sem análise (que é o vício comum dos filósofos juristas)" (BOBBIO, 1972, p. 44).

O estilo analítico de Bobbio explica por que sua obra, em todos os campos do conhecimento a que se dedicou, é um contínuo *work in progress,* por meio do qual em aproximações sucessivas, com base nesse estilo, vai aprofundando e refinando os temas recorrentes de suas inquietações intelectuais. É por isso que uma parte significativa de seus livros são reuniões de ensaios em torno de matérias conexas. Fogem a essa regra aqueles livros que, na sua origem, foram cursos universitários provenientes da sua atividade de professor. Entre eles, *Teoria do Ordenamento Jurídico,* que precisamente por conta do estilo analítico foi antecedido por *Teoria da Norma Jurídica* (BOBBIO, 2016), que trata dos elementos mais simples e dos vários tipos de normas que compõem um ordenamento.

*II*

Bobbio foi professor de filosofia do direito na Universidade de Turim. Filosofia do direito era matéria do primeiro ano do curso jurídico, e Bobbio relata, na sua *Autobiografia,* que no correr dos anos alternou entre cursos dedicados a esclarecer o pensamento de grandes personagens da filosofia do di-

CELSO LAFER | 11

reito e cursos dedicados aos conceitos gerais do Direito, na linha de uma teoria geral do direito, inspirado pelas preocupações de uma filosofia do direito dos juristas. Os cursos sobre o pensamento de grandes personagens propiciaram os livros sobre Locke (BOBBIO, 1963) e Kant (BOBBIO, 1969). Entre os cursos dedicados à teoria geral do direito, tiveram grande repercussão e foram continuamente reimpressos em forma de apostilas: *Teoria da norma jurídica* e *Teoria do Ordenamento Jurídico* (BOBBIO, 1998, p. 124-31).

*Teoria da Norma Jurídica* foi o curso dado no ano acadêmico de 1957-1958, a que se seguiu, no ano acadêmico de 1959-1960, a *Teoria do Ordenamento Jurídico*. Os dois cursos, por sua vez, representaram, como observou Bobbio, aprofundamento e ampliação do curso do ano acadêmico 1954-1955, que se intitulava *Teoria do Ordenamento Jurídico*. Em 1993, Bobbio concordou em publicar em forma de livro os dois cursos juntos com o título de *Teoria Geral do Direito*, o que já tinha ocorrido anteriormente em edições de língua espanhola, em Bogotá e Madri.

Os dois cursos, como continua explicando Bobbio no prefácio à edição italiana de 1993, são cursos de inspiração kelseniana e estão vinculados ao seu interesse pelo positivismo jurídico. O nexo unificador entre os dois cursos provém do seu entendimento de que a definição do que é Direito e de como se diferencia do que não é Direito – questão básica da teoria geral do direito – não é passível de ser encontrado na análise das características dos diversos tipos de normas, mas é dado pelos modos de inserção das normas em um ordenamento jurídico. Esses dois cursos são pontos altos da análise estrutural do Direito empreendida por Bobbio, no âmbito da qual essa ciência é examinada a partir do ângulo interno jurídico, e o conceito de ordenamento é visto como a grande contribuição do positivismo jurídico à teoria geral do direito. Nesse contexto, explica Bobbio, a "juridicidade" não é uma propriedade das normas na sua singularidade, mas, sim, do ordenamento como um conjunto estruturado de normas. Estas têm, metodologicamente, a nota própria de um discurso prescritivo e, por isso, Bobbio destaca no seu prefácio a importância do capítulo terceiro de *Teoria da Norma Jurídica*, que expressa o seu recorrente interesse pela análise da linguagem como caminho para o estudo do Direito (BOBBIO, 1993, p. VIII-X).

12 | PREFÁCIO

O percurso de Bobbio no arco do positivismo jurídico foi abrangente, e criteriosamente estudado por Mario Losano no prefácio à edição brasileira de *Da Estrutura à Função* – livro que assinala a sua preocupação não apenas pela estrutura, mas igualmente, pelas funções do Direito com destaque para a função promocional das ciências jurídicas no direcionar de comportamentos, ora por estímulos, ora por desestímulos (BOBBIO, 2007, p. XIX-XLIX).

É importante notar que, no trato dos temas do positivismo jurídico sempre presentes nas suas lições, Bobbio adotou a postura de um positivismo "crítico", não rígido, de um ponto de vista teórico, e nem ideologicamente conotado (BOBBIO, 1993, p. IX). As suas posições nessa matéria são de síntese e equilíbrio. Nelas estão presentes não apenas Kelsen e as preocupações com os problemas de linguagem, mas também o Santi Romano do pioneiro livro de 1918 *L'ordinamento giuridico* e, no âmbito filosófico, Hobbes, de quem foi um grande estudioso.

Cabe também observar, juntamente com Guastini, que a *Teoria do Ordenamento Jurídico*, que é de 1960, antecipa formulações do conhecido livro de 1961 de H. L. A. Hart, *The concept of Law* como adiante apontarei (GUASTINI apud BOBBIO, 2005, p. 69; CATANIA apud PUNZI, 2007, p. 63-78). Aliás, à distinção entre normas primárias e secundárias, um dos pontos mais importantes do livro de Hart, dedicou Bobbio um grande estudo inserido em *Studi per una Teoria Generale del Diritto* (1970, p. 175-97). Esse estudo é um complemento à sua *Teoria Geral do Ordenamento*. Nele, o autor examina a passagem de sistemas normativos simples para os complexos, e de como o conceito de ordenamento jurídico é relevante para lidar com sistemas normativos complexos, como são os do mundo contemporâneo.

Bobbio, como apontado, é metodologicamente um analítico. Tem o gosto das distinções para perceber as diferenças inerentes à complexidade das coisas. Daí a engenhosidade com a qual, no uso das dicotomias, vale-se com originalidade de uma *ars combinatoria* com grande rigor e precisão de linguagem. No entanto, se Bobbio se apoia no positivismo lógico para dar precisão ao estudo do Direito, sendo para ele Kelsen uma referência maior e, como Kelsen, busca o rigor, não almeja construir uma "teoria

CELSO LAFER | 13

pura", afastada das impurezas da realidade jurídica. Tem sempre a sensibilidade da contextualização histórica. É por essa razão que Ruiz Miguel o qualifica tanto como "analítico historicista" quanto como "historiador conceitualista" (MIGUEL, 2000, p. 177-83). Uma exemplar ilustração dessa característica de Bobbio apontada por Ruiz Miguel é o curso que se seguiu ao de teoria da norma e ao de teoria do ordenamento, e deles são um complemento reflexivo. Refiro-me ao curso sobre o positivismo jurídico, ministrado na Faculdade de Direito da Universidade de Turim no ano acadêmico 1960-1961. Como disse Bobbio, em 1979, por ocasião da reimpressão das apostilas, foi concebido como comentário histórico e síntese teórica dos dois cursos precedentes. "Tornou-se um clássico", como disse Francesco D'Agostino na apresentação da publicação italiana em livro do curso em 1996, destacando os dotes de finura dos juízes críticos e do tom cristalino da exposição que fizeram de Bobbio um reconhecido mestre da ciência jurídica italiana (BOBBIO, 1996, p. VII-X).

## III

Os três cursos – o sobre a Teoria da Norma Jurídica, o sobre a Teoria do Ordenamento Jurídico e o sobre O Positivismo Jurídico – obedecem a uma lógica reflexivo-analítica de mútua complementaridade. A Edipro já editou, em português, o primeiro e, agora, publica o segundo com cuidadosa tradução do prof. Ari Marcelo Solon, nosso colega de docência na Faculdade de Direito da Universidade de São Paulo (USP).

No primeiro capítulo, Bobbio explica, como já apontado, que a qualificação de uma norma como jurídica não depende do seu conteúdo – muito mutável nos sistemas jurídicos complexos – mas de sua pertinência ao ordenamento jurídico. Daí a relevância, para a teoria geral do direito, do juízo sobre a validade de uma norma no âmbito de um ordenamento. É nesse contexto que Bobbio, antes da publicação do livro de Hart, fez a distinção entre as normas de conduta e as normas de estrutura ou de competência de um ordenamento. São estas que estipulam as condições e os procedimentos por meio dos quais, em sistemas jurídicos complexos, normas válidas são criadas e validamente aplicadas.

Observa Bobbio que, tradicionalmente, os problemas gerais do Direito foram mais estudados do ponto de vista da norma jurídica, que se bastaria a si mesma, e não como parte de um todo mais vasto que a abrange: o ordenamento. A compreensão de que o Direito é um ordenamento composto de várias normas coloca o tema de como as diversas normas que o integram se inter-relacionam. Essa temática carrega vários tipos de problemas inerentes ao conceito de ordenamento jurídico, e são justamente esses problemas que Bobbio, com percepção clara dos desafios da experiência jurídica, examina com grande cuidado nos diversos capítulos do livro.

No segundo capítulo, Bobbio trata da *unidade* do ordenamento e da *hierarquia* das normas. Unidade e hierarquia como elementos configuradores do ordenamento são um desdobramento da relação histórica entre o positivismo jurídico e a formação do Estado moderno, com o papel que este passou a ter na produção jurídica como expressão de um poder soberano. A metáfora da pirâmide do poder e a da pirâmide normativa convergem para uma visão arquitetônica do Direito dotado de hierarquia e unidade.

Um dos temas da unidade do ordenamento é o da sua identidade, vale dizer, porque um ordenamento jurídico se mantém uno, não obstante a mudança das normas que o compõem. A mudança provém do fato de que as normas que integram o ordenamento de um sistema jurídico complexo têm sua origem em uma pluralidade de fontes. Algumas delas são fontes reconhecidas, outras são fontes delegadas pelo ordenamento jurídico. O ordenamento equaciona essa faceta do tema da unidade por meio das mencionadas normas de estrutura do ordenamento. Estas, no mundo moderno, são um ingrediente básico do direito positivo, que não é um direito estático, mas um direito em contínua mudança, voltado para a gestão de sociedades estatalmente organizadas.

A unidade de um ordenamento com uma multiplicidade de fontes requer outro componente. Esse outro componente é a *hierarquia*. As normas de um ordenamento não estão todas no mesmo plano, pois há normas superiores e inferiores. Daí o conceito kelseniano da pirâmide escalonada

CELSO LAFER | 15

de normas, que Bobbio endossa. Essa pirâmide permite lidar com um aspecto de inter-relacionamento normativo, que é o da hierarquia existente entre as normas.

O escalonamento da pirâmide propicia a unidade do ordenamento. Essa é a função do controle da constitucionalidade das leis. Com efeito, quando uma instância superior atribui poder normativo a uma instância inferior, não lhe atribui um poder ilimitado. Assim, por exemplo, o poder negocial nos contratos ou o poder jurisdicional são limitados pelo poder legislativo e este é limitado pelo poder constitucional. A *reductio ad unum* do ordenamento jurídico é dada pelo vértice da pirâmide, no qual convergem a *summa potestas* da soberania e a norma fundamental, ou seja, o direito e o poder, as duas faces de uma mesma medalha. Nesse contexto, o poder nasce da norma e produz normas, e a norma nasce do poder e produz outros poderes, *lex et potestas convertuntur*. Essa matéria Bobbio retomará e aprofundará em trabalhos posteriores à *Teoria do Ordenamento Jurídico, inter alia*, na discussão sobre os nexos entre a legitimidade do poder e a justiça da norma, e a circularidade da interação entre direito e poder (BOBBIO, 1970, p. 79-93; BOBBIO, 1992, p. 141-55).

A convergência entre direito e poder não significa reduzir o direito à força, nem o seu inverso, como Kelsen enunciou e Ross sustentou ao fazer da força apenas o objeto da regulamentação jurídica, como explica Bobbio nesse capítulo, e o desenvolve em trabalhos posteriores (BOBBIO, 1970, p. 119-38). O poder é necessário para a realização do direito no sentido amplo de garantia da ordem jurídica. Isto se verifica seja no topo da pirâmide jurídica ou no processo de criação normativa, seja na sua base, por meio da sanção que é meio para reforçar a *eficácia* – outro conceito básico do direito positivo – das normas que compõem o ordenamento. Em síntese, a convergência entre direito e poder deriva dos nexos de complementaridade entre teoria política e teoria jurídica, que Bobbio, como grande mestre nos dois campos, foi aprofundando pelo método de aproximações sucessivas em trabalhos posteriores à *Teoria do Ordenamento*. Uma síntese dos resultados analíticos a que chegou encontra-se em vários textos de *O Tempo da Memória, De Senectute e outros escritos autobiográficos* (BOBBIO, 1997).

16 | PREFÁCIO

No terceiro capítulo, Bobbio examina em que medida o ordenamento jurídico, além de caracterizar-se pela unidade dada pela hierarquia de suas normas, possui *unidade sistemática*, vale dizer, tem um critério epistemológico que confere certa ordem ao conjunto de normas que o compõem. Mostra Bobbio que a totalidade ordenada de um sistema jurídico não deriva da *dedução more geometrico* de certos princípios gerais como postulava Leibniz e os jusnaturalistas modernos procuraram demonstrar nos séculos XVII e XVIII. Expõe, também, que a sistematicidade não deriva da organização da matéria normativa, proveniente de um processo indutivo, baseado na *classificação*, à maneira da zoologia, que teria permitido a passagem de uma jurisprudência exegética para uma jurisprudência sistemática. Para Bobbio, um ordenamento jurídico constitui um sistema porque nele não devem coexistir normas incompatíveis, ou seja, tem a coerência como pressuposto epistemológico. A coerência, explica Bobbio, é condição para a justiça do ordenamento porque duas normas contraditórias, ambas válidas e portanto aplicáveis, ferem a exigência da segurança das expectativas e o princípio da igualdade de tratamento das partes.

A existência de normas incompatíveis é, no entanto, uma dificuldade tradicional da experiência jurídica. É o clássico problema das *antinomias* para cuja solução a dogmática jurídica oferece três regras a) o critério cronológico (a norma posterior derroga a anterior); b) o critério hierárquico (a lei superior prevalece sobre a inferior) e c) o critério da especialidade (a lei especial prevalece sobre a geral). Bobbio submete esses três critérios ao rigor analítico da lógica deôntica da qual foi precursor na Itália, para mostrar como eles são insuficientes, porque dependendo das antinomias ou são critérios inaplicáveis ou são conflitivos. Ao tema das antinomias e de sua solução Bobbio retornou, de maneira aprofundada, em ensaio posterior recolhido no seu livro de 1970, o já mencionado *Studi per una teoria generale del diritto* (BOBBIO, 1970, p. 95-118).

A coerência do ordenamento é uma exigência epistemológica da sua sistematicidade e por este motivo o tema das antinomias é um problema relevante de teoria geral do direito. Não é, no entanto, uma necessidade como a característica de *completude*, vale dizer, a propriedade pela qual um ordena-

CELSO LAFER | 17

mento jurídico tem uma norma para regular qualquer caso, que é o tema que Bobbio examina no quarto capítulo. Com efeito, um ordenamento jurídico pode tolerar normas incompatíveis, sem desmoronar. Não pode, no entanto, tolerar lacunas, pois o juiz não pode deixar de decidir um caso alegando que a lei é omissa. Daí a importância capital do tema das *lacunas*.

Na discussão do tema das lacunas Bobbio demonstra que a crítica da completude, como a feita nos meados do século XX pela Escola do Direito Livre, é uma maneira de lidar com as lacunas chamadas "ideológicas" ou "impróprias". Em outras palavras, com a falta não de uma solução normativa, mas de uma solução satisfatória, levando-se em conta o contraste entre o direito positivo existente e um possível sistema ideal, a solução apregoada é dar ao juiz a liberdade de encontrar uma solução satisfatória, independentemente do que diz o direito positivo. Esta solução, evidentemente, compromete a certeza do direito e coloca em questão a unidade do ordenamento. É por esse motivo que a teoria geral do direito no século XX deu relevo especial ao papel da hermenêutica, de tal forma a permitir ao intérprete ir além do fetichismo da lei, porém dentro dos limites do ordenamento.

É nesse contexto, e com o rigor de um precursor da lógica deôntica, que Bobbio discute as lacunas próprias. Esse tipo é a lacuna do sistema ou dentro do sistema que é preenchido por meio da *autointegração* que o próprio ordenamento permite por meio de dois procedimentos básicos: a *analogia* e os *princípios gerais do direito*. A analogia se baseia na *semelhança relevante*, que permite, para um caso não previsto, extrair uma nova regra a partir de outra regra que se refere a um caso singular. Os princípios gerais do direito buscam a solução de forma mais ampla nos critérios inerentes à ordem jurídica, e, por isso mesmo, são um caminho para uma interpretação extensiva. Os temas das *lacunas*, da *analogia* e dos *princípios gerais* do direito, assim como os modos de raciocinar e argumentar dos juristas, são de alta complexidade teórica, e Bobbio com o seu método de aproximações sucessivas retomou-os depois dos três cursos do final de 1950 e início de 1960, no correr dos anos, por exemplo, em ensaios recolhidos no livro *Contributi ad un dizionario giuridico* (BOBBIO, 1994).

No quinto e último capítulo, Bobbio examina os problemas que derivam do inter-relacionamento entre distintos ordenamentos. Esse é, hoje,

18 | PREFÁCIO

um tema de crescente importância, dada a transnacionalização e a internacionalização do mundo que, por obra dos processos de globalização, vem diluindo o papel das fronteiras dentro das quais incide a validade e a eficácia dos ordenamentos jurídicos nacionais. Discute, assim, dois procedimentos básicos para lidar com esses problemas: o *reenvio* e a *recepção*. O reenvio é um procedimento usual do direito internacional privado. Lida com os problemas que podem surgir quando uma relação jurídica tem elementos de conexão com mais de um ordenamento jurídico nacional, o que pode ensejar o conflito das leis no espaço. O reenvio equaciona esse tipo de conflito por meio de normas que estabelecem em que hipóteses um ordenamento deixa de regular determinada matéria e acolhe a regulamentação estabelecida por fontes normativas pertencentes a outro ordenamento. A *recepção* é um procedimento distinto e diz respeito à maneira pela qual, por exemplo, normas de direito internacional de múltiplas procedências são incorporadas ao próprio ordenamento nacional.

## IV

Para concluir, creio que cabe fazer uma referência à uma das dicotomias de que se vale Bobbio para discutir as relações entre razão e direito. Ele diferencia as *leis da razão* da *razão jurídica*. No conceito de *leis da razão*, o termo forte é razão, entendido como faculdade própria dos seres humanos de captar a essência das coisas. O jusnaturalismo tem, entre os seus componentes, a convicção epistemológica nas leis da razão aptas a apreender a natureza das coisas e, deste modo, alcançar a compreensão e o entendimento do Direito. No conceito de *razão jurídica*, o termo razão é empregado em um sentido mais fraco, o da capacidade humana de raciocinar em todas as acepções de que se pode falar de raciocínio, por exemplo, inferência, cálculo, argumentação. Nesta acepção, a razão se serve dos procedimentos regulados pela lógica, pela tópica, em síntese por todas as disciplinas que têm por objeto as operações mentais que possam ser enquadradas no conceito do raciocínio (BOBBIO, 1994, p. 296-8).

A filosofia do direito de Bobbio, como uma filosofia do direito *sub specie juris* é uma admirável expressão da razão jurídica, voltada para esclarecer as operações intelectuais e práticas na criação do Direito e na sua aplicação. É nesse campo que Bobbio se move, é desse modo que se pode situar a *Teoria do Ordenamento* e realçar sua importância.

Como apontei no início, o percurso de Bobbio foi um contínuo *work in progress* centrado em torno dos seus temas recorrentes. Se ele estivesse escrevendo hoje a *Teoria do Ordenamento Jurídico* provavelmente enfrentaria o desafio do que a *rede* representa para a erosão da pirâmide normativa e da pirâmide do poder. Esta é uma faceta dos dilemas que minam a *plenitude* das soberanias no mundo contemporâneo ao propiciar o fracionamento das cadeias de poder e das normas. Acredito que, por conta dos fenômenos da fragmentação jurídica e do seu impacto para a unidade do ordenamento, ampliaria suas considerações sobre fontes do Direito reconhecidas e fontes delegadas, e que, no trato das normas de estrutura ou de competência do ordenamento, levaria em conta, com outro olhar e amplitude, os conceitos de reenvio e recepção que dizem respeito ao inter-relacionamento de ordenamentos. Faço esta observação para reiterar que a obra de Bobbio é sempre uma lúcida base não só para lidar com o presente da vida jurídica, mas, ao mesmo tempo, também para pensar o seu futuro. Daí a importância de se dar pleno acesso ao público brasileiro a uma tradução de qualidade de a *Teoria do Ordenamento Jurídico*.

São Paulo, março de 2011.

*Celso Lafer*
Professor Titular da Faculdade de Direito da USP

# Apresentação
## O pensamento jurídico
### de Norberto Bobbio

Norberto Bobbio era tido como pertencente a uma corrente jusfilosófica que se costuma chamar de "Escola Analítica" ou "Positivismo Analítico". Suas posições, no entanto, são bastante matizadas e não é fácil incluí-lo nessa corrente.

Desde a década de 1950, os escritos de Bobbio marcam um nítido programa de reformulação dos estudos do Direito, apertados que estavam em uma polêmica tornada tediosa e infecunda entre jusnaturalismo e positivismo. Bobbio é um dos primeiros a voltar-se para a metodologia da Ciência do Direito em termos de análise linguística.

Ao posicionar-se desse modo, Bobbio enfrentava uma crise que pairava sobre a ciência jurídica, tentando, nas pegadas de Kelsen, mas desvinculando-se dos pressupostos neokantianos, reelaborar um conceito de ciência jurídica capaz de conferir-lhe um estatuto próprio; dentro das ciências empíricas (mesmo porque o conhecimento jurídico não podia prescindir de recorrer aos fatos, ainda que elaborasse proposições sobre normas), o Direito parecia encontrar um lugar que, no entanto, não lhe conferia o estatuto próprio procurado. Assim, a partir dos anos 1950, Bobbio direcionou-se decididamente para uma concepção de ciência como "linguagem de rigor" e aí descobriu o caminho que procurava. Seus estudos de Teoria Geral do

22 | APRESENTAÇÃO

Direito foram marcados por essa preocupação, e se desenvolveram no sentido de buscar respostas para problemas que, então (e até hoje), preocupavam particularmente a teoria jurídica (norma, norma fundamental, ordenamento, sua completude – lacunas –, sua consistência – antinomias – etc.). Os trabalhos de Bobbio sobre a temática jurídica são inúmeros. Em todos eles, mostra-se acima de tudo um analista. Mas um analista peculiar. E isso a ponto de, às vezes, influenciar o seu leitor não só pelo conteúdo, mas pelo estilo de pensar. Leitores de Bobbio, sentimo-nos, em muitas ocasiões, tentados a proceder a análises dicotômicas que, como as suas, não culminam necessariamente em sínteses, mas elucidam distinções capazes de aclarar os problemas. Essa influência que a leitura de Norberto Bobbio exerce sobre o seu leitor é marcante, haja vista a plêiade de juristas contemporâneos que, na Itália e em tantos outros países, seu pensamento produziu. E muitos deles absorvendo, às vezes, menos do conteúdo e muito mais do estilo.

Um estilo, contudo, difícil de ser executado, pois requer finura de espírito, rigor de linguagem, disciplina de pensamento e um formidável acúmulo de informações. E, neste conjunto, Norberto Bobbio é, certamente, insuperável.

Seus escritos, por isso, são todos, individualmente, peças que se encaixam sob a forma de reflexões analíticas que o nosso autor executa com maestria, conduzindo o leitor, muitas vezes, não a soluções, mas a perplexidades.

É o caso de seu brilhante ensaio sobre as antinomias e que começa perguntando sobre qual a diferença entre o jurista e um chofer de caminhão quando respondem à pergunta: "Entre duas normas opostas, qual prevalece?", para terminar dizendo, em que pesem as sutis distinções do jurista, que ambos não saem da resposta simples e direta: "A mais justa!".

Na verdade, Norberto Bobbio, mesmo no âmbito de sua especialidade, jamais escreveu um tratado. Nem sequer formulou, de forma acabada e abrangente, uma Teoria Geral do Direito. A maior parte de seus livros constituem coletâneas de artigos ou mesmo compilações de cursos. No entanto, como aponta Alfonso Ruiz (1980), justamente por isso seu pensamento guarda, a um só tempo, a finura da análise, o rigor terminológico e uma certa liberdade dos sistemas cerrados.

A maior parte de seus escritos sobre a problemática da cientificidade do Direito e sobre as mais importantes questões da Teoria Geral do Direito têm, certamente, um cunho positivista, nos quadros da Escola Analítica Italiana que ele ajudou a construir. Contudo, como a estrutura de seus textos é mais problemática e até mais rapsódica do que sistemática, os resultados obtidos são sempre críticos, no sentido de levar a reflexão adiante e não de terminá-la. Por isso, talvez, uma tentativa de reduzi-lo a uma *ordem de razões* venha a acabar em um empreendimento frustrado.

Não podendo ocupar-me, nesta apresentação, do seu pensamento jurídico na sua totalidade, gostaria, então, de apresentá-lo por meio de um tema relevante. Reporto-me, por isso, a suas investigações sobre a sanção, que, a meu ver, podem servir como um dos pontos de orientação para o intérprete, no sentido de organizar didaticamente o pensamento jurídico de Norberto Bobbio. Não que a sanção seja uma espécie de pedra angular, mas se a tomamos como um problema nuclear, a ordem das questões se estrutura e torna-se possível concatenar as argumentações.[1]

Na verdade, em uma fase de seu pensamento (mais preocupado com a temática da *estrutura*), a teoria de Bobbio sobre a sanção nos permite entender os limites em que se delineia o seu projeto de uma ciência jurídica. Escolhemos, pois, de propósito, a noção de sanção porque ela é central para uma posição positivista que, a princípio, consistiu em um dos mais importantes pressupostos da Teoria Pura do Direito de Kelsen (KELSEN, 2009).[2] Com efeito, a reflexão sobre a sanção nos mostra que, se de um lado é possível manter, com certa clareza, a teoria jurídica dentro das fronteiras do normativo e das relações de validade, uma vez que as normas não valem por causa da sanção, de outro lado, a noção de sanção nos obriga a explicar o fenômeno da força e, em consequência, a enfrentar a questão da dimensão fática dentro da teoria jurídica.

---

1.  Objeto da tese de doutoramento que deu origem à obra: SALGADO, Gisele Mascarelli. *Sanção na Teoria do Direito de Norberto Bobbio*. Curitiba: Juruá, 2010.

2.  Em Kelsen, a noção de sanção é chave para distinguir o direito da moral (sanção prescrita e sanção presumida), para desenhar a estrutura da norma jurídica (prescrição sobre a sanção) ou para distinguir a norma jurídica da norma técnica (a prescrição do confinamento como prisão *versus* o confinamento em um nosocômio).

24 | APRESENTAÇÃO

Em sua *Teoria da Norma Jurídica* (BOBBIO, 2016), Norberto Bobbio, ao enfrentar a questão da definição do caráter jurídico da norma, após enumerar diversos argumentos, assinala, no § 39, o que denomina de "um novo critério: a resposta à violação".

O critério é de clara enunciação: se uma norma prescreve o que deve ser, e, se o que deve ser não corresponde ao que é necessariamente, quando a ação real não corresponde à prevista, a norma é violada. Essa violação, que pode ser uma inobservância ou uma inexecução, exige uma resposta. Assim, a sanção é definida como um expediente mediante o qual se busca, em um sistema normativo, salvaguardar a *lei da erosão das ações contrárias*. Ou, mais brevemente, a sanção é a resposta à violação da norma, sendo que a sanção "jurídica" é a resposta externa e institucionalizada.

É óbvio que a sanção, nessa visão, ao referir-se à violação da norma não diz respeito à sua validade, mas à sua eficácia, pois é um expediente, diz Bobbio, para conseguir que as normas sejam menos violadas ou que as consequências da violação sejam menos graves.

Ora, colocando-se a questão da sanção em termos de eficácia, surge, inevitavelmente, perante a reflexão, o problema da *função* da sanção cominada pela norma, e, em consequência, a questão complexa da relação entre ser e dever-ser, mais particularmente entre força e direito.

Preocupado em aprofundar a questão, Bobbio procura um modo que lhe permita evitar a dicotomia rígida entre *ser* e *dever-ser*, admitindo que o critério da sanção externa e institucionalizada está referido não a cada norma em particular, mas ao ordenamento como um todo. Com isso, rechaça ele a ideia kelseniana de que o Direito seja um mero regulador da força, que seria seu conteúdo, admitindo-a como um meio. Assumindo sua peculiar posição analítica (dicotômica), Bobbio percebe que, no escalonamento normativo, a força aparece ora como "sanção" de um direito "já estabelecido" e que "deve ser aplicado", ora como "produção" de "um direito a ser criado". Tudo depende do ponto em que nos colocamos na pirâmide jurídica.

Em um texto escrito tempos depois, Norberto Bobbio, comentando, aliás, a posição de Kelsen sobre a teoria da ciência do Direito e referindo-se ao empenho daquele autor, ao constituir as linhas mestras de sua *Teoria Pura*, em evitar que o pensamento jurídico enveredasse pelas sendas da ideologia e da especulação sobre os "fins" do Direito, observa, no entanto, com acuidade, que uma das noções que Kelsen não consegue conceituar sem evitar uma "definição funcional" é justamente a de sanção, por sinal básica para a *Teoria Pura*, pois "as sanções são postas pelo ordenamento jurídico 'para obter' um dado comportamento humano que o legislador considera desejável" (BOBBIO, 1977, p. 71).

Em vista dessa observação, Norberto Bobbio se acha em condições de aprofundar não apenas o conceito de sanção e de seu papel no Direito, não apenas de examinar com maior campo de visão a própria dimensão fática, mas também de apontar o destino da ciência jurídica em direção de um novo século. E nisso Norberto Bobbio foi e continua sendo um mestre.

Com efeito, se desde Kelsen e, antes dele, com Jhering, a teoria jurídica sempre encarou a sanção particularmente como uma forma repressiva, isso não escondia a existência das chamadas sanções positivas, que não eram punições, mas recompensas. Isso sempre foi admitido na literatura jurídica e filosófica, mas, para o Direito, a relevância das sanções negativas obscurecia a importância das outras.

Na verdade, como iria observar Bobbio em seus últimos escritos sobre o problema, a distinção entre sanções negativas e positivas e o relativo desconhecimento, para o Direito, das positivas, reproduzia, no fundo, uma concepção de sociedade típica do século XIX. Com efeito, a importância conferida, no mundo jurídico, à sanção negativa reproduzia (caso de Jhering) a distinção hegeliana entre sociedade civil e Estado e a cisão entre a esfera de interesses econômicos e a de interesses políticos, entre a condição de burguês e a de cidadão, típica da sociedade industrial do século passado. Em princípio, nessa concepção, o Estado assumia a função de custodiar a ordem pública, e o Direito se resumia, particularmente, a normas negativas (de proibição), com prevalência óbvia das sanções negativas.

Modernamente, no entanto, a própria transformação e o aumento de complexidade industrial vieram colocando as coisas em outro rumo. Não resta dúvida de que, sobretudo a partir da Segunda Guerra mundial, o Estado cresceu para além de sua função protetora-repressora, aparecendo até

26 | APRESENTAÇÃO

muito mais como produtor de serviços de consumo social, regulamentador da economia e produtor de mercadorias. Com isso, foi sendo montado um complexo sistema normativo que lhe permite, de um lado, organizar sua própria máquina de serviços, de assistência e de produção de mercadorias, e, de outro, montar um imenso sistema de estímulos e subsídios. Ou seja, o Estado, hoje, substitui, ainda que parcialmente, por exemplo, o próprio mercado na coordenação da economia, tornando-se o centro da distribuição da renda, ao determinar preços, ao taxar, ao subsidiar.

Ora, nesse contexto, uma teoria jurídica da sanção, limitada ao papel das sanções negativas e, pois, ignorando o papel assistencial, regulador e empresarial do Estado, estaria destinada a fechar-se em um limbo, entendendo mal, porque entenderia limitadamente a relação entre o Direito, o Estado e a sociedade.

Nesse sentido, Bobbio promove nos seus últimos escritos jurídicos[3] uma inflexão nova na concepção formalista tradicional do Direito, redimensionando o que chama, então, de "função promocional" do ordenamento jurídico, na qual o aumento vertiginoso das chamadas normas de organização (aquelas com as quais o Estado regula sua própria atividade assistencial, fiscalizadora e produtora) confere às "sanções positivas" um outro relevo.

Como era inevitável, a articulação analítica por dicotomias, em que é tão hábil Norberto Bobbio, o conduz também, dentro dessa temática, a importantes distinções. Buscando a função promocional do ordenamento posto a serviço do Estado e da sociedade, ele começa a falar em técnicas de "encorajamento" e "desencorajamento" no uso das normas. Em um ordenamento marcadamente "repressivo", em que se encara o Estado particularmente em sua função de custodiar a ordem pública, diz Bobbio, são adotadas medidas diretas, com o fito de obter a conformidade com as prescrições normativas, mas também medidas "indiretas", no sentido de dificultar comportamentos não desejáveis. Ou seja, com acuidade Bobbio percebe que, mesmo em um ordenamento basicamente repressivo, também há lugar para medidas não necessariamente punitivas.

---

3. Após a publicação de 1977 (*Dalla struttura alla funzione*), sua bibliografia volta-se cada vez mais para a teoria política.

Aqui se coloca, no entanto, o passo seguinte de sua análise. Quando o ordenamento de função repressiva e protetora procura "provocar" certas condutas, atua sempre de uma forma negativa: prevalece a técnica do desencorajamento. Já o ordenamento promocional vai muito adiante, uma vez que, nesse caso, a técnica típica é "positiva", isto é, o encorajamento de certas condutas que, para se produzirem, necessitam das sanções positivas também ditas premiais. No primeiro caso, na visão típica do século XIX, o ordenamento sempre procura tornar certas ações mais "penosas", tornando outras vantajosas *a contrario sensu*. No segundo caso, nos ordenamentos contemporâneos, observa-se, antes, o expediente da "facilitação" (por exemplo, uma subvenção, uma medida de *desburocratização*) e até do prêmio (por exemplo, uma isenção fiscal) para promover as ações desejadas.

Note-se que, nessas alturas, a teoria da ciência do Direito, necessariamente, deu um passo adiante, pois, em vez de limitar-se ao estudo e análise da sanção negativa e dos conceitos daí decorrentes (obrigação, delito), é forçada a uma nova ordem de considerações. Em primeiro lugar, a sanção não será mais apenas "ameaça", mas também "promessa".

Em segundo lugar, sendo também promessa (de facilitar ou de premiar), inverte-se até mesmo a relação direito/dever em novas configurações extremamente importantes para a teoria jurídica, uma vez que, se a sanção é "ameaça", a relação direito/dever vai do sancionador (direito) para o sancionado (dever), mas, se é promessa, do sancionado (direito) para o sancionador (dever de cumprir a promessa).

Os textos de Norberto Bobbio a propósito dessas novas configurações são ensaios que, ao contrário dos anteriores sobre a sanção negativa, não tinham como pressupor uma longa tradição que, com vantagem, situa e esclarece os detalhes. Há, pois, questões abertas, que nos propunham algumas dificuldades que só reflexões posteriores viriam esclarecer. Assim, por exemplo, Bobbio observa que, no uso de sanções positivas, como se trata de comportamentos "permitidos", o agente é "livre" para fazer, isto é, é livre para valer-se de sua própria liberdade. A meu ver, isso cria a impressão de que, no uso das sanções positivas, o agente sancionador restringe sua própria força, uma vez que não ameaça, mas encoraja; "embora", ao que parece,

28 | APRESENTAÇÃO

aqui se colocasse a importante questão de se saber se, no caso das técnicas de encorajamento, "a autonomia da vontade não estaria sendo sutilmente escamoteada", implicando o reconhecimento de que o Estado com função promocional (Estado regulador) desenvolve formas de poder ainda mais amplas do que o Estado protetor das liberdades. Isto é, ao prometer, via subsídios, incentivos e isenções, ele substitui o mercado e a sociedade no modo de "controlar" (no sentido amplo da palavra) o comportamento.

A Norberto Bobbio, na verdade, isso não passa despercebido, mesmo porque, caracterizando o Direito como instrumento de controle social em termos de controle coativo, nos moldes tradicionais, observa, contudo, o aparecimento do controle persuasivo e premonitivo. Se no primeiro (coativo) a ênfase está na repressão e na prevenção de condutas, no segundo (persuasivo) a ênfase está no condicionamento da ação desejada, e, no terceiro, (premonitivo) até mesmo no processo de evitar que conflitos possam sequer ocorrer, com o que, a meu ver, a questão da liberdade se põe de forma radical, pois, neste último caso, o Estado ou a sociedade se antepõem ao uso da liberdade.

Na verdade, em escritos posteriores, Bobbio vai inclusive observar que ao deslocamento produzido na teoria da sanção pelo advento do Estado promocional devem ser acrescentados o aumento e o aperfeiçoamento dos meios de socialização e de condicionamentos coletivos nas sociedades tecnocráticas, bem como o aumento de importância das medidas preventivas sobre as repressivas e o da distribuição de recursos por parte do Estado. A consciência dessa nova situação faz com que Bobbio reflita, com sua costumeira acuidade, sobre o destino da Ciência Jurídica na própria sociedade em transformação. Como ele próprio viria a observar (BOBBIO, 1984), se, por séculos, o direito se distinguia da moral ou pelo objeto (ações externas *versus* ações internas) ou pelo fim (bem coletivo *versus* bem individual) ou pelo tipo de sanção (externa e institucionalizada *versus* interna e difusa), mas, com Kelsen, começara a distinguir-se com base na estrutura (sistema estático *versus* sistema dinâmico), agora, diante da questão da *função*, era preciso voltar-se para a pesquisa antropológica e sociológica, para ver o direito como um subsistema do sistema social global, pondo em relevo o serviço que ele presta à sociedade.

Sem aprofundar a questão nesta exposição, desejaria, assim, apontar algumas consequências dessas argutas observações de Bobbio para a própria ciência jurídica. Embora o cientista do Direito não seja um homem alheio à sociedade em que vive, a percepção da nova situação nos leva a considerar o seguinte:

a) na tradição do Estado protetor e repressor, o jurista, encarando o Direito como um conjunto de regras dadas com função sancionadora e negativa, tende a assumir o papel de conservador daquelas regras que ele, então, "sistematiza e interpreta";

b) já na nova situação do Estado promocional, o jurista, encarando o Direito "também" como um conjunto de regras, mas em vista de uma função implementadora de comportamentos, tende a assumir um papel modificador e criador.

De todo modo, dificilmente se pode evitar a referência ao poder do Estado no sentido próprio e específico de poder coativo, pois só por meio do exercício desse poder pode ser garantida a execução dos prêmios e dos incentivos públicos.

Mas, no primeiro caso, prevalece, então, aquilo que Bobbio chama de uma teoria "estrutural" do Direito, em oposição, no segundo, a uma teoria "funcionalista".[4]

Não se trata de duas teorias opostas, mas de enfoques distintos, em que prevalece ora um, ora outro dos aspectos. No enfoque estrutural prepondera, assim, a interpretação do sentido das normas, as questões formais da eliminação de antinomias, da integração de lacunas, em uma palavra, de sistematização global dos ordenamentos conforme a melhor tradição dogmática. No enfoque funcionalista, por sua vez, a problemática se volta muito mais para a análise de situações, análise e confronto de avaliações, escolha de avaliação e formulação de regras. Se nos fosse permitido traduzir essas duas atitudes, diríamos que, no enfoque estrutural, a relação meio/

---

4. As críticas ao enfoque funcionalista de Bobbio apareceram em uma série de artigos publicados na mencionada revista *Sociologia del diritto*: JORI, 1977; WMIA, 1978; FROSINI, 1980; TOMEO, 1980; FERRARI, 1980; GIANFORMAGGIO, 1980.

## 30 | APRESENTAÇÃO

fim no estudo do Direito fica limitada a um pressuposto global e abstrato, que quase não interfere na análise do tipo; por exemplo: "O Direito é uma ordem coativa que visa à obtenção da segurança coletiva", e isso basta. Já no enfoque funcionalista, a relação meio/fim ganha outros relevos, passa mesmo a constituir o cerne da análise, exigindo do jurista novas modalizações do fenômeno normativo.

O reconhecimento da importância crescente desse enfoque funcionalista, contudo, não vem sem dificuldades teóricas relevantes. Para o filósofo da ciência jurídica que é Norberto Bobbio, reaparecia, de uma forma ainda mais contundente, a velha questão da identidade epistemológica da ciência jurídica, agora necessariamente voltada para indagações sociológicas, econômicas e políticas, mediante a noção de *função*.[5] O que punha em relevo a possibilidade de reduzir-se a *ciência* jurídica a uma *técnica social*.

Além disso, sua proposta funcionalista abria espaço para indagações de alta relevância e que constituem, a meu ver, problemas teóricos muito significativos para o mundo atual. Assim, por exemplo, se em um enfoque estrutural, que é o seu em escritos mais antigos, pensar o Direito de forma racional e científica exige pressupostos incontornáveis como a noção de um poder soberano, primeiro e superior, e exige, portanto, toda a reflexão sobre a norma fundamental, pode-se perguntar, a meu ver, se em um enfoque funcionalista a noção de soberania não passa a segundo plano e a própria hipótese da norma fundamental não perde relevo, abrindo espaço para um pensar não sistemático do Direito ou, pelo menos, para um pensar sistemático com estruturas diversificadas em que o escalonamento é uma das eventuais possibilidades. Pense-se, por exemplo, na sociedade plurifinalista de nossos dias e na efetiva dispersão do poder soberano entre múltiplas fontes, como o poder do Estado, das multinacionais, dos grupos de pressão etc.

---

5. No artigo publicado na revista *Sociologia del diritto*, Bobbio (1984, p. 20) reconhece certa equivocidade do termo *função*, mas declara que fez uso de seu sentido *organicista*: "Por 'função' se entende a prestação continuada que um determinado órgão dá à conservação e ao desenvolvimento segundo um ritmo de nascimento, crescimento e morte do inteiro organismo considerado como um todo" (a definição consta do livro *Dalla struttura alla funzione*, vide BOBBIO, 1977, p. 111).

Mais do que tudo isso, porém, volta a questão, ainda hoje tão aguda no Brasil, do ensino do Direito, da própria formação do jurista e, sobretudo, de seu papel social.

Um grande jurista italiano, que lecionou no Brasil durante algum tempo – Tulio Ascarelli –, disse uma vez que: "Na atual crise de valores, o mundo pede aos juristas ideias novas, mais que sutis interpretações". Não resta dúvida de que vivemos hoje uma situação de crise. Uma crise, no entanto, nos obriga a voltar às mesmas questões e exige respostas, novas ou velhas, mas, de qualquer modo, julgamentos diretos. Uma crise só se torna um desastre quando respondemos a ela com juízos pré-formados, isto é, com preconceitos. Uma atitude dessas não apenas aguça a crise, como nos priva da experiência da realidade e da oportunidade que ela proporciona à reflexão (Hannah Arendt).

Norberto Bobbio, o jurista que aqui apresentamos, foi, antes de tudo, um homem que sempre soube enfrentar uma crise sem preconceitos. No âmbito da ciência jurídica, mais do que muitos, Norberto Bobbio soube entender que, se nos primeiros três quartos do século XX a grande preocupação foi eliminar juízos de valor no intento de construir uma teoria científica do Direito não sujeita a implicações ideológicas, no último quartel e até os dias de hoje, recupera-se, em compensação, dentro de sua esfera de interesses, a experiência social e o juízo crítico sobre si mesma, o que oferece à investigação jurídica novas dimensões.

Quando a sociedade atravessa uma fase de profundas mudanças, admitiu Norberto Bobbio mais recentemente, a ciência do Direito precisa estabelecer novos e achegados contatos com as ciências sociais, superando-se a formação jurídica *departamentalizada,* com sua organização, sobre uma base corporativo-disciplinar, de compartimentos estanques.

Afinal, como dizia ele ao encerrar seu artigo de respostas a seus críticos,[6] hoje, mais do que nunca, é necessário enfrentar uma pesquisa analítica de todas as técnicas de encorajamento que constituem uma das características do Estado contemporâneo. Donde a sutil diferença entre

---

6. BOBBIO, 1977, p. 26.

## 32 | APRESENTAÇÃO

*prêmio* (do que fala Kelsen, para descartar sua importância no estudo da sanção) e *incentivo*: o primeiro era uma técnica estreitamente ligada à doutrina da virtude e podia ser considerado como um incitamento a cumprir ações boas. Mas, pergunta Bobbio, deixando no ar uma resposta, *nos dias de hoje quem se interessa ainda pelo homem virtuoso?*

Pois bem: essa sensibilidade para a mudança, sem perder de vista as exigências da racionalidade, é uma das mais importantes características de Norberto Bobbio e a lição mais profunda que podemos extrair de seu pensamento.

*Tercio Sampaio Ferraz Junior*
Professor Titular da Faculdade de Direito da USP

# Teoria do Ordenamento Jurídico

CAPÍTULO 1

# DA NORMA AO ORDENAMENTO JURÍDICO

## 1. Novidade do problema do ordenamento

Este curso se relaciona diretamente àquele de 1958, intitulado *Teoria da Norma Jurídica* (BOBBIO, 2016), constituindo sua continuação. Conjuntamente, formam uma completa *Teoria do Direito*, sobretudo sob o aspecto formal. No primeiro curso, estudamos a *norma jurídica*, isoladamente considerada; neste novo curso, estudaremos aquele conjunto, ou complexo, ou sistema de normas que constituem *o ordenamento jurídico*.

A exigência da nova pesquisa nasce do fato de que, na realidade, as normas jurídicas não existem isoladamente, mas sempre em um contexto de normas que guardam relações particulares entre si (essas relações serão, em grande parte, objeto desta abordagem). Esse contexto de normas costuma ser chamado de "ordenamento". E será bom observarmos, desde o princípio, que a palavra "direito", entre seus vários sentidos, tem também aquele de "ordenamento jurídico", por exemplo, nas expressões "direito romano", "direito canônico", "direito italiano" etc.

Embora seja óbvia a constatação de que as regras jurídicas constituem sempre uma totalidade, e que a palavra "direito" seja utilizada indiferentemente para indicar tanto uma norma jurídica particular quanto um

36 | TEORIA DO ORDENAMENTO JURÍDICO

determinado complexo de normas jurídicas, ainda assim o estudo aprofundado do ordenamento jurídico é relativamente recente, muito mais recente que o das normas particulares, de resto bem antigo. Enquanto, por um lado, existem muitos estudos especiais sobre a natureza da norma jurídica, não há, até hoje, se não nos enganamos, nenhuma abordagem completa e orgânica sobre todos os problemas que a existência de um ordenamento jurídico levanta. Em outros termos, podemos dizer que os problemas gerais do direito foram tradicionalmente mais estudados do ponto de vista da norma jurídica, considerada como um todo que se basta a si mesmo, que do ponto de vista da norma jurídica, considerada como parte de um todo mais vasto que a compreende. Ao dizer isso, queremos também chamar a atenção para a dificuldade de sistematização de uma matéria que não se assenta em uma segura tradição e, portanto, para o caráter experimental deste curso.

Uma rápida visão da história do pensamento jurídico nos últimos séculos nos dá uma confirmação do que até agora afirmamos: do famoso tratado *De Legibus ac Deo Legislatore*, de Francisco Suarez (1612), aos tratados mais recentes de Thon e de Binding, dos quais falamos no curso precedente, fica claro desde os títulos que o objeto principal da análise e o verdadeiro *elemento primeiro* da realidade jurídica é a norma considerada em si. Com isso, não se quer dizer que faltasse naquelas obras a análise de alguns problemas característicos de uma teoria do ordenamento jurídico, mas esses problemas vinham misturados a outros e não eram considerados merecedores de uma análise separada e particular. Repetimos que a norma jurídica era a única perspectiva por meio da qual o direito era estudado, e que o ordenamento jurídico era no máximo um conjunto de normas, mas não um objeto autônomo de estudo, com seus problemas particulares e diversos. Para nos exprimirmos com uma metáfora, considerava-se a árvore, mas não a floresta.

Creio que os primeiros a chamar a atenção sobre a realidade do ordenamento jurídico foram os teóricos da instituição, dos quais nos ocupamos no curso precedente. Não por acaso o livro, merecidamente famoso, de Santi Romano foi intitulado *O ordenamento jurídico* (1917). O que nós reprovamos na teoria da instituição foi a forma em que foi apresentada, em oposição à teoria normativa, isto é, como teoria destinada a suplantar a teoria precedente, quando, segundo já observamos, ela representa sua integração e, portanto, sua continuação. Consideramos oportuno reproduzir aqui as palavras com que concluímos, no curso anterior, o exame da teoria da instituição:

> A nosso ver, a teoria da instituição teve o grande mérito [...] de pôr em relevo o fato de que só se pode falar em direito onde haja um complexo de normas formando um ordenamento, e que, portanto, o direito não é a norma, mas um conjunto ordenado de normas, sendo evidente que uma norma jurídica não se encontra jamais só, mas está ligada a outras normas com as quais forma um sistema normativo.

O isolamento dos problemas do ordenamento jurídico dos da norma jurídica e o tratamento autônomo dos primeiros como parte de uma teoria geral do direito foram obra, sobretudo, de Hans Kelsen. Entre os méritos de Kelsen, pelos quais é justo considerá-lo como um dos mais autorizados juristas vivos, está, certamente, o de ter tido plena consciência da importância de problemas conexos com a existência do ordenamento jurídico, e ter dedicado a eles particular atenção. Tomando-se, por exemplo, sua obra mais completa e concludente, a *Teoria geral do Direito e do Estado*, veremos que a análise da teoria do direito (aqui prescindimos da teoria do Estado) está dividida em duas partes, chamadas respectivamente, *Nomostática e Nomodinâmica*: a primeira considera os problemas relativos à norma jurídica; a segunda, os relativos ao ordenamento jurídico. Reconheço que a expressão "nomodinâmica" não é muito feliz, mas, deixando de lado a questão terminológica, o que importa é que, pela primeira vez, talvez, no sistema de Kelsen, a teoria do ordenamento jurídico constitui uma das duas partes de uma completa teoria do direito. Não há necessidade de acrescentar que meu curso está ligado diretamente à problemática de Kelsen, da qual constitui ora um comentário, ora um desenvolvimento.


## 2. Ordenamento jurídico e definições do Direito

Dissemos que a teoria do ordenamento jurídico constitui uma integração da teoria da norma jurídica. Quanto a isso, devemos precisar, de ime-

38 | TEORIA DO ORDENAMENTO JURÍDICO

diato, que fomos levados necessariamente a essa integração pelos resultados a que chegamos na busca de uma definição do direito, realizada no curso precedente. Para resumir brevemente esses resultados, digamos que não foi possível dar uma definição do direito do ponto de vista da norma jurídica, considerada isoladamente, mas tivemos de alargar nosso horizonte para a consideração do modo pelo qual uma determinada norma se torna eficaz a partir de uma complexa organização que determina a natureza e o alcance das sanções, as pessoas que devem exercê-las e sua execução. Essa organização complexa é o produto de um ordenamento jurídico. Significa, portanto, que uma definição satisfatória do direito só será possível se nos colocarmos do ponto de vista do ordenamento jurídico.

Repensemos, por um momento, as várias tentativas feitas para definir o direito por meio deste ou daquele elemento da norma jurídica. Todas resultaram em sérias dificuldades. Os critérios adotados, a cada vez, para encontrar uma definição do direito tomando como base a norma jurídica ou foram tais que deles não foi possível obter qualquer elemento característico dessa norma com respeito a outras categorias de normas, como as normas morais ou sociais, conduzindo, portanto, a um beco sem saída; ou então remetiam àquele fenômeno mais complexo da organização de um sistema de regras de conduta, no qual consiste justamente o ordenamento jurídico, e certamente conduziam para um caminho aberto, mas era o caminho que desembocava no reconhecimento da relevância do ordenamento para a compreensão do fenômeno jurídico.

No conjunto das tentativas realizadas para caracterizar o direito por meio de algum elemento da norma jurídica, consideraríamos, sobretudo, quatro critérios: 1) critério formal; 2) critério material; 3) critério do sujeito que põe a norma; 4) critério do sujeito ao qual a norma se destina.

1) Por critério formal entendemos aquele pelo qual se acredita poder ser definido o que é direito por meio de qualquer elemento estrutural das normas que se costumam chamar de jurídicas. Vimos que, em relação à estrutura, as normas podem se distinguir em:

    a) positivas ou negativas;

    b) categóricas ou hipotéticas;

    c) gerais (abstratas) ou individuais (concretas).

CAPÍTULO I – DA NORMA AO ORDENAMENTO JURÍDICO | 39

Pois bem, a primeira e a terceira distinções não oferecem nenhum elemento caracterizador do direito, pois em qualquer sistema normativo encontramos tanto normas positivas quanto negativas, tanto normas gerais (abstratas) quanto individuais (concretas). Quanto à segunda distinção, admitamos que em um sistema normativo existam apenas normas hipotéticas, as quais podem assumir duas formas:

a) *se queres A, deves B*, segundo a teoria da norma técnica (Ravà), ou das regras finais (Brunetti);

b) *se é A, deve ser B*, em que, segundo alguns, A é o fato jurídico e B a consequência jurídica (teoria do direito como valorização ou juízo de qualificação), e, segundo, outros A é o ilícito e B é a sanção (teoria da norma como juízo hipotético de Kelsen).

Em nenhuma dessas duas formulações a norma jurídica assume uma forma caracterizante: a primeira formulação é própria de qualquer norma técnica ("se queres comprar selos, deves ir aos correios"); a segunda formulação é característica de qualquer norma condicionada ("se chove, deves pegar o guarda-chuva").

2) Por critério material entendemos aquele critério que se pode extrair do conteúdo das normas jurídicas, ou seja, das ações reguladas. Esse critério é manifestamente inconcludente. Objeto de regulamentação por parte das normas jurídicas são todas *as ações possíveis* do homem, e entendemos por "ações possíveis" aquelas que não são nem necessárias nem impossíveis. Segue-se, obviamente, que uma norma que comandasse uma ação necessária ou proibisse uma ação impossível seria *inútil*; por outro lado, uma norma que proibisse uma ação necessária ou ordenasse uma ação impossível seria *inexequível*. Mas, uma vez excluídas as ações necessárias, isto é, aquelas que o homem executa por necessidade natural e, por consequência, independentemente de sua vontade, e as ações impossíveis, isto é, aquelas ações que o homem não está apto a cumprir não obstante todo o esforço de sua vontade, o campo das ações possíveis é vastíssimo, e isso é comum tanto às regras jurídicas quanto a todas as outras regras de conduta. Foram feitas tentativas, é verdade, de separar, no vasto campo das ações possíveis, um campo de ações

reservado ao direito. As duas principais tentativas se valem ora de uma, ora de outra dessas duas distinções:

a) ações internas e ações externas;

b) ações subjetivas e ações intersubjetivas.

À parte o fato de que as categorias das ações externas e das ações intersubjetivas são extremamente genéricas, é bastante claro que ambas podem servir para distinguir o direito da moral, mas não das regras do costume, que se referem sempre às ações externas e, muitas vezes, às ações intersubjetivas.

3) Ao falar do critério do sujeito que põe a norma, queremos nos referir à teoria que considera jurídicas as normas postas pelo poder soberano, entendendo-se por "poder soberano" aquele acima do qual não existe, em um determinado grupo social, nenhum outro, e que, como tal, detém o monopólio da força. Diante dessa teoria, não podemos mais dizer, como no caso das duas precedentes, que ela é inconcludente. Que o direito seja aquele conjunto de regras que se fazem valer, ainda que pela força, isto é, um ordenamento normativo de eficácia reforçada, é a conclusão a que julgamos ter chegado no curso precedente. Ora, aquele que está em condições de exercer a força para tornar eficazes as normas é justamente o poder soberano que detém o monopólio do exercício da força. Portanto, teoria do direito como regra coativa e teoria do direito como emanação do poder soberano convergem.

O que essa teoria da soberania convida a observar, sobretudo, é que, definido o direito por meio do poder soberano, já se realizou o salto da norma isolada para o ordenamento em seu conjunto. Com a expressão muito genérica "poder soberano", referimo-nos àquele conjunto de órgãos por meio dos quais um ordenamento é posto, conservado e se faz aplicar. E quais são esses órgãos é o próprio ordenamento que estabelece. Se é verdade que um ordenamento jurídico é definido por meio da soberania, é também verdade que a soberania em uma determinada sociedade se define por meio do ordenamento jurídico. Poder soberano e ordenamento jurídico são dois conceitos que se referem um ao outro. E, portanto, quando o direito é definido por meio do conceito de soberania, o que vem em primeiro plano

CAPÍTULO I – DA NORMA AO ORDENAMENTO JURÍDICO | 41

não é a norma isolada, mas o ordenamento; dizer que norma jurídica é a emanada do poder soberano equivale a dizer que norma jurídica é a que faz parte de um determinado ordenamento. A soberania caracteriza não uma norma, mas um ordenamento; caracteriza a norma apenas enquanto ela é considerada como parte deste.

4) O critério do sujeito ao qual a norma é destinada pode apresentar duas variantes, conforme se considere como destinatário o súdito ou o juiz (veja-se, no curso precedente, o § 30 – *Os destinatários da norma jurídica*). Vejamos separadamente.

A afirmação pura e simples de que a norma jurídica é aquela dirigida aos súditos é inconcludente por sua generalidade. Normalmente, ela é especificada com a determinação da atitude com a qual os súditos a recebem: e se diz que jurídica é a norma que é seguida com a convicção ou crença de sua obrigatoriedade (*opinio iuris ac necessitatis*), como já se indicou no curso procedente. Essa *opinio iuris ac necessitatis* é um ente deveras misterioso. O que significa? O único modo de lhe dar um significado é este: observar uma norma com a convicção de sua obrigatoriedade, quer dizer, com a convicção de que, se a violássemos, iríamos ao encontro da intervenção do Poder Judiciário e, muito provavelmente, da aplicação de uma sanção. O sentimento da obrigatoriedade é, em última instância, o sentimento de que aquela norma singular faz parte de um organismo mais complexo e que da pertinência a esse organismo é que vem seu caráter específico. Também neste caso, portanto, a noção à qual nos referimos para definir a juridicidade de uma norma encontra sua explicação natural quando procuramos ver por meio da norma o ordenamento que a compreende.

A segunda variante do critério do destinatário é aquela segundo a qual as normas jurídicas são normas destinadas ao juiz. É claro que uma definição desse gênero somente significa alguma coisa caso se defina a noção de juiz. Quem é o juiz? Que se entende por juiz? Mas uma definição de juiz não pode ser obtida senão ampliando-se a consideração a todo o ordenamento. Dir-se-á que o juiz é aquele ao qual uma norma do ordenamento atribui o poder e o dever de estabelecer quem tem razão e quem não tem, e de possibilitar a execução de uma sanção. Mas, desse modo, uma vez mais

42 | TEORIA DO ORDENAMENTO JURÍDICO

somos reconduzidos da norma isolada ao sistema normativo. E percebemos mais uma vez que, ao procurarmos tornar conclusiva uma definição do direito referente à norma, somos impelidos a deixar a norma e a abraçar o ordenamento.

## 3. Nossa definição do Direito

Retornemos, agora, à definição de direito à qual chegamos no curso precedente. Ali determinamos a norma jurídica pela sanção, e a sanção jurídica pelos aspectos de *exterioridade* e de *institucionalização*, do que resulta a definição de norma jurídica como aquela norma "cuja execução é garantida por uma sanção externa e institucionalizada".

Essa definição é uma confirmação de tudo quanto ressaltamos nas duas primeiras seções, ou seja, a necessidade em que se acha o teórico geral do direito, em certo ponto de sua pesquisa, de deixar a norma singular pelo ordenamento. Se sanção jurídica é só a institucionalizada, isso significa que, para que haja direito, é necessário que haja, em maior ou menor grau, uma organização, isto é, um completo sistema normativo. Definir o direito por meio da noção de sanção organizada significa procurar o caráter distintivo do direito não em um elemento da norma, mas em um complexo orgânico de normas. Em outros termos, poder-se-á dizer que a pesquisa por nós realizada em *Teoria da Norma Jurídica* é uma prova do caminho obrigatório que o teórico geral do direito percorre da parte ao todo, isto é, do fato de que, mesmo partindo da norma, chega-se, quando se quer entender o fenômeno do direito, ao ordenamento.

Para maior clareza, podemos também nos expressar deste modo: *o que comumente chamamos de direito é mais uma característica de certos ordenamentos normativos do que de certas normas.* Se aceitamos essa tese, o problema da definição do direito se torna um problema de definição de ordenamento normativo e, consequentemente, de diferenciação entre este tipo de ordenamento normativo e um outro, não o de definição de um tipo de normas. Nesse caso, para definir a norma jurídica bastará dizer que a norma jurídica

CAPÍTULO 1 – DA NORMA AO ORDENAMENTO JURÍDICO | 43

é a que pertence a um ordenamento jurídico, remetendo manifestamente o problema da determinação do significado de "jurídico" da norma para o ordenamento. Com essa remissão, demonstra-se que a dificuldade de encontrar uma resposta à pergunta: "O que se entende por norma jurídica?" resolve-se ampliando o campo de pesquisa, ou seja, colocando uma nova pergunta: "O que se entende por ordenamento jurídico?". Se, como parece, só a essa segunda pergunta se consegue dar uma resposta sensata, isso quer dizer que o problema da definição do direito encontra sua localização apropriada na teoria do ordenamento jurídico, e não na teoria da norma. É um argumento a favor da importância, desde o início anunciada, da teoria do ordenamento, a que este novo curso se refere. Apenas em uma teoria do ordenamento – este é o ponto ao qual importava chegar – o fenômeno jurídico encontra sua adequada explicação. Já no curso precedente, encontrávamo-nos diante do fenômeno de normas sem sanção. Partindo da consideração da norma jurídica, deveríamos responder que, se a sanção faz parte do caráter essencial das normas jurídicas, as normas sem sanção não são normas jurídicas. Acreditamos, em vez disso, dever responder que

> quando se fala de uma sanção organizada como elemento constitutivo do direito, nos referimos não às normas em particular, mas ao *ordenamento normativo tomado em seu conjunto*, razão pela qual dizer que a sanção organizada distingue o ordenamento jurídico de qualquer outro tipo de ordenamento não implica que *todas* as normas daquele sistema sejam sancionadas, mas somente que o são *em sua maioria*.

Nossa resposta mostra em concreto que um problema sem boa solução no plano da norma singular encontra solução mais satisfatória no plano do ordenamento.

O mesmo se diga do problema da *eficácia*. Se consideramos a eficácia como um caráter da norma jurídica, encontramo-nos, em certo ponto, diante da necessidade de negar o caráter de norma jurídica a normas que pertencem a um sistema normativo dado (enquanto legitimamente produzidas) e, portanto, são válidas, mas não eficazes, pois jamais foram aplicadas (como é o caso de muitas da Constituição italiana). A dificuldade se resolve, também nesse caso, deslocando-se a visão da norma singular para o ordenamento considerado em seu conjunto, e afirmando-se que a eficácia é um caráter constitutivo do direito, mas só se com a expressão "direito" for entendido que estamos nos referindo não à norma particular, mas ao ordenamento. O problema da validade e da eficácia, que gera dificuldades insuperáveis quando se considera apenas uma norma do sistema (a qual pode ser válida sem ser eficaz), diminui se nos referirmos ao ordenamento jurídico, no qual a eficácia é o fundamento mesmo da validade.

Um outro problema que deu lugar a infinitas e estéreis controvérsias no plano da norma jurídica é o do direito consuetudinário. Como é sabido, o principal problema de uma teoria do costume é determinar em que ponto uma norma consuetudinária jurídica distingue-se de uma norma consuetudinária não jurídica, ou, em outras palavras, por meio de qual processo uma simples norma de costume torna-se uma norma jurídica. Esse problema é insolúvel, talvez porque mal posto. Se é verdade, como procuramos mostrar até aqui, que o que comumente chamamos direito é um fenômeno muito complexo, que tem como ponto de referência um sistema normativo inteiro, é vão procurar o elemento distintivo de um costume jurídico em relação à regra do costume na norma consuetudinária singular. Dever-se-á responder, preferencialmente, que uma norma consuetudinária torna-se jurídica quando vem a fazer parte de um ordenamento jurídico. Mas, desse modo, o problema não é mais o da tradicional teoria dos costumes: "Qual é o caráter distintivo de uma norma jurídica consuetudinária em relação a uma regra do costume?", mas este outro: "Quais são os procedimentos pelos quais uma norma consuetudinária vem a fazer parte de um ordenamento jurídico?".

Concluindo, essa posição predominante que se dá ao ordenamento jurídico conduz a uma inversão da perspectiva no tratamento de alguns problemas da teoria geral do direito. Essa inversão pode ser sinteticamente assim expressa: enquanto, pela teoria tradicional, um ordenamento se compõe de normas jurídicas, na nova perspectiva normas jurídicas são aquelas que venham a fazer parte de um ordenamento jurídico. Em outros termos, não existem ordenamentos jurídicos porque há normas jurídicas, mas existem normas jurídicas porque há ordenamentos jurídicos distintos dos ordenamentos não jurídicos. O termo "direito", na mais comum acepção de direito objetivo, indica um tipo de sistema normativo, não um tipo de norma.

# 4. Pluralidade de normas

Esclarecido que a expressão "direito" se refere a um dado tipo de ordenamento, cabe agora aprofundar o conceito de ordenamento. Para começar, partamos de uma definição muito geral de ordenamento, a qual, passo a passo, iremos especificar: o ordenamento jurídico (como todo sistema normativo) é um *conjunto de normas*. Essa definição geral de ordenamento pressupõe uma única condição: que na constituição de um ordenamento concorram mais normas (pelo menos duas) e que não haja ordenamento composto de uma norma só.

Poderíamos imaginar um ordenamento composto de uma só norma? Penso que a existência de tal ordenamento deva ser excluída. Assim como uma regra de conduta pode referir-se a todas as ações possíveis do homem, e a regulamentação consiste em qualificar uma ação com uma das três modalidades normativas (ou deônticas) do obrigatório, do proibido e do permitido, para se conceber um ordenamento composto de uma só norma seria preciso imaginar uma norma que se referisse a *todas* as ações possíveis e que as qualificasse com uma *única* modalidade. Postas essas condições, só existem três possibilidades de conceber um ordenamento composto de uma norma única:

1) *Tudo é permitido:* mas uma norma de tal gênero é a negação de qualquer ordenamento jurídico, ou, se quisermos, a definição do estado de natureza, que é a negação de todo ordenamento civil;

2) *Tudo é proibido:* uma norma desse tipo tornaria impossível qualquer vida social humana, a qual começa no momento em que o homem, além das ações necessárias, está em condições de realizar algumas das ações possíveis; uma norma assim concebida, equiparando ações possíveis e impossíveis, não deixaria subsistir nada além das ações necessárias, ou seja, as ações meramente naturais;

3) *Tudo é ordenado:* também uma norma feita assim torna impossível a vida social, porque as ações possíveis estão em conflito entre si, e ordenar duas ações em conflito significa tornar uma ou outra, ou ambas, inexequíveis.

Ao passo que é inconcebível um ordenamento que regule *todas* as ações possíveis com uma única modalidade normativa, ou, em outras palavras, que abrace todas as ações possíveis com um único juízo de qualificação, pode-se conceber um ordenamento que ordene ou proíba *uma única* ação. Trata-se de um ordenamento muito simples que considera como condição para pertencer a um determinado grupo ou associação apenas uma obrigação (por exemplo, um clube de nudistas, ou mesmo uma associação de beberrões que estabeleça como única obrigação beber só vinho, e assim por diante). Mas um ordenamento assim concebido se pode considerar como um ordenamento composto de uma única norma? Diria que não. Veremos mais adiante que toda norma particular que regula (ordenando-a ou proibindo-a) uma ação implica uma norma geral exclusiva, isto é, uma norma que subtrai daquela regulamentação particular todas as outras ações possíveis. A norma que prescreve só beber vinho implica a norma que permite fazer qualquer outra coisa diversa de beber vinho. Dizendo a mesma coisa com uma fórmula, poderíamos afirmar: "X é obrigatório" implica "Não X é permitido". Mas assim vê-se que as normas, em realidade, são duas, a particular e a geral exclusiva, ainda quando a expressamente formulada seja uma só. Nesse sentido, pode-se dizer que mesmo o ordenamento mais simples, o que consiste em uma só prescrição de uma ação particular, é composto ao menos de duas normas. Seria bom acrescentar que um ordenamento jurídico nunca é um ordenamento assim tão simples. Para conceber um ordenamento jurídico reduzido a uma só norma particular, seria preciso erigir em norma particular o comando: *neminem laedere*. Penso que só a ordem de não causar dano a ninguém poderia ser concebida como aquela a que possa ser reduzido um ordenamento jurídico com uma norma particular única. Mas, ainda com essa simplificação, um ordenamento jurídico compreende não uma, mas duas normas: a que prescreve não causar dano a outrem e a que autoriza a fazer tudo o que não cause dano a outrem.

Até aqui, ao falar de normas que compõem um ordenamento jurídico, referimo-nos a *normas de conduta*. Em todo ordenamento, ao lado das normas de conduta, existe um outro tipo de normas, que costumamos chamar de *normas de estrutura* ou *de competência*. São as normas que não prescrevem a conduta que se deve ter ou não ter, mas as condições e os

CAPÍTULO I – DA NORMA AO ORDENAMENTO JURÍDICO | 47

procedimentos por meio dos quais são emanadas normas de conduta válidas. Uma norma que prescreve caminhar pela direita é uma norma de conduta; uma norma que prescreve que duas pessoas estão autorizadas a regular seus interesses em certo âmbito mediante normas vinculantes e coativas é uma norma de estrutura, na medida em que não determina uma conduta, mas fixa as condições e os procedimentos para produzir normas válidas de conduta. Vimos até agora que não é concebível um ordenamento jurídico composto de uma só norma de conduta. Perguntamos: é concebível um ordenamento composto de uma só norma de estrutura? Um ordenamento desse tipo é concebível. Geralmente, assim se considera o ordenamento de uma monarquia absoluta, em que todas as normas parecem poder ser condensadas na seguinte: "É obrigatório tudo aquilo que o soberano ordena". Por outro lado, que um tal ordenamento tenha uma só norma de estrutura não implica que também haja apenas uma norma de conduta. As normas de conduta são tantas quantas forem em dado momento as ordens do soberano. O fato de existir uma só norma de estrutura tem por consequência a extrema variabilidade de normas de conduta no tempo, e não a exclusão de sua pluralidade em determinado tempo.

## 5. Os problemas do ordenamento jurídico

Se um ordenamento jurídico é composto de várias normas, disso advém que os principais problemas conexos com a existência de um ordenamento são os que nascem das relações das diversas normas entre si.

Em primeiro lugar, trata-se de saber se essas normas constituem uma *unidade*, e de que modo a constituem. O problema fundamental que deve ser discutido a esse respeito é o da *hierarquia* das normas. À teoria da unidade do ordenamento jurídico é dedicado o segundo capítulo.

Em segundo lugar, trata-se de saber se o ordenamento jurídico constitui, além de uma unidade, também um *sistema*. O problema fundamental que é colocado em discussão a esse respeito é o das *antinomias jurídicas*. À teoria do sistema jurídico será dedicado o terceiro capítulo.

## 48 | TEORIA DO ORDENAMENTO JURÍDICO

Todo ordenamento jurídico, unitário e tendencialmente (se não efetivamente) sistemático, pretende ser também *completo*. O problema fundamental aqui discutido é o das chamadas *lacunas* do direito. À teoria da plenitude do ordenamento jurídico será dedicado o quarto capítulo.

Finalmente, não existe entre os homens um só ordenamento, mas muitos e de diversos tipos. Há relações entre os vários ordenamentos e de quais gêneros são essas relações? O problema fundamental que aqui deverá ser examinado é o do *reenvio* de um ordenamento a outro. À teoria das relações entre ordenamentos será dedicado o quinto e último capítulo.

Não pretendemos exaurir, desse modo, todos os problemas que nascem da consideração do ordenamento jurídico. Cremos, porém, que esses sejam os problemas principais, cuja abordagem permitirá traçar as linhas gerais de uma teoria do ordenamento jurídico destinada a continuar e a integrar, como dissemos logo no início deste primeiro capítulo, a teoria da norma jurídica.

CAPÍTULO 2

# A UNIDADE DO ORDENAMENTO JURÍDICO

## 1. Fontes reconhecidas e fontes delegadas

A hipótese de um ordenamento com uma ou duas normas, levantada no capítulo precedente, é puramente acadêmica. Na realidade, os ordenamentos são compostos por uma miríade de normas que, tal como as estrelas no céu, ninguém jamais foi capaz de contar. Quantas são as normas que compõem o ordenamento jurídico italiano? Ninguém sabe. Os juristas reclamam que são demasiadas e, não obstante, criam-se sempre novas normas, e só se pode seguir criando-as a fim de satisfazer todas as necessidades da vida social cada vez mais variada e intrincada.

A dificuldade de rastrear todas as normas que constituem um ordenamento decorre do fato de que essas normas em geral não derivam de uma só *fonte*. Podemos distinguir os ordenamentos jurídicos em *simples* e *complexos*, segundo sejam suas normas derivadas de uma só ou de variadas fontes. Os ordenamentos jurídicos que constituem a nossa experiência de historiadores e de juristas são complexos. A imagem de um ordenamento composto por apenas dois personagens, o *legislador*, que põe as normas, e os *súditos*, que as recebem, é puramente didática. O legislador é um personagem imaginário, que oculta uma realidade complicada. Mesmo um

## 50 | TEORIA DO ORDENAMENTO JURÍDICO

ordenamento restrito, pouco institucionalizado, que abrange um grupo social de poucos membros, como a família, é geralmente um ordenamento complexo: nem sempre a única fonte das regras de conduta dos membros do grupo é a autoridade paterna; às vezes o pai acolhe regras já formuladas pelos ancestrais, pela tradição familiar ou mesmo pela referência a outros grupos familiares; às vezes delega uma parte (maior ou menor segundo as variadas culturas) do poder normativo à esposa ou ao filho mais velho. Nem mesmo em uma concepção teológica do universo, as leis que regulam o cosmos são todas derivadas de Deus, isto é, são leis divinas; em alguns casos, Deus delegou aos homens a produção de leis para regular a sua própria conduta, seja por meio dos ditames da razão (direito natural), seja por meio da vontade dos superiores (direito positivo).

A complexidade de um ordenamento jurídico deriva do fato de a necessidade de regras de conduta em uma sociedade ser tão grande que não há qualquer poder (ou órgão) em condições de satisfazê-la isoladamente. Para vir ao encontro dessa exigência, o poder supremo recorre usualmente a dois expedientes:

1) a *recepção* de normas já prontas, produzidas por ordenamentos diversos e precedentes;

2) a *delegação* do poder de produzir normas jurídicas a poderes ou órgãos inferiores.

Por essas razões, em cada ordenamento, ao lado da fonte direta, temos fontes indiretas, que se podem distinguir nestas duas classes: *fontes reconhecidas* e *fontes delegadas*. A complexidade de um ordenamento jurídico deriva, portanto, da multiplicidade das fontes das quais afluem regras de conduta, em última análise, do fato de essas regras serem de variada proveniência, e chegarem a existir (isto é, adquirirem validade) a partir de pontos mais distantes.

Típico exemplo de *recepção* e, logo, de *fonte reconhecida*, é o do *costume* nos ordenamentos estatais modernos, nos quais a fonte superior e direta é a lei. Quando o legislador se refere expressamente ao costume em uma situação específica, ou mesmo se refere, expressa ou tacitamente, ao costume nas matérias não reguladas pela lei (é o caso da chamada *consuetudo praeter*

CAPÍTULO 2 – A UNIDADE DO ORDENAMENTO JURÍDICO | 51

*legem*), acolhe normas jurídicas já prontas e enriquece o ordenamento jurídico de uma só vez com um conjunto, que pode ser notável, de normas produzidas em outros ordenamentos e, talvez, em tempo anterior à própria constituição daquele ordenamento estatal.

Naturalmente, pode-se ainda conceber o recurso ao costume como uma autorização aos cidadãos para que produzam normas por meio do seu comportamento uniforme, isto é, considerar também o costume entre as fontes delegadas, atribuindo aos usuários a qualificação de órgãos estatais autorizados a produzir normas jurídicas com o seu comportamento uniforme. Contudo, parece-me uma construção um tanto artificial, ainda que engenhosa, que não leva em conta uma diferença: na recepção, o ordenamento jurídico acolhe um produto já acabado; na delegação, permite que seja feito, ordenando uma produção futura. O costume assemelha-se mais a um produto natural; o regulamento, o decreto administrativo, a sentença do magistrado, a um produto artificial. Fala-se de poder regulamentar, de poder negocial, para indicar o poder normativo atribuído aos órgãos executivos e aos privados. Parece, ao contrário, inapropriado falar de um poder de produzir normas consuetudinárias, pois, entre outros motivos, não se saberia nem ao menos a quem exatamente atribuí-lo.

Típico exemplo de fonte delegada é o *regulamento* em relação à lei. Os regulamentos são, como as leis, normas gerais e abstratas; no entanto, diferentemente das leis, a sua produção é habitualmente confiada ao Poder Executivo por delegação do Poder Legislativo, e uma das suas funções é aquela de integrar leis demasiado genéricas, que contêm apenas diretrizes de máxima e não poderiam ser aplicadas sem que fossem ulteriormente especificadas. É impossível que o Poder Legislativo edite todas as normas necessárias para regular a vida social, então, limita-se a editar normas genéricas, que contêm somente diretrizes, e confia aos órgãos executivos, que são mais numerosos, o ônus de torná-las exequíveis. A mesma relação ocorre entre as normas constitucionais e as leis ordinárias, as quais podem ser, por vezes, consideradas como regulamentos executivos das diretrizes de máxima contidas na Constituição. À medida que se sobe na hierarquia das fontes, as normas se tornam sempre menos numerosas e mais genéricas;

## TEORIA DO ORDENAMENTO JURÍDICO

ao contrário, descendo nessa hierarquia, as normas tornam-se sempre mais numerosas e mais específicas.

Outra fonte copiosa de normas em um ordenamento jurídico é o poder atribuído aos particulares de regular mediante atos voluntários os seus próprios interesses: trata-se do chamado *poder negocial*. A pertinência dessa fonte à classe das fontes reconhecidas ou àquela das fontes delegadas é menos clara. Se se enfatiza a *autonomia privada*, entendida como a capacidade dos particulares de darem normas a si próprios em uma certa esfera de interesses, e se consideram os particulares como fundadores de um ordenamento jurídico menor absorvido pelo ordenamento estatal, essa vasta fonte de normas jurídicas deve ser concebida antes como produtora independente de regras de conduta que são recebidas pelo Estado. Se, ao contrário, a ênfase é posta no poder negocial como poder delegado pelo Estado aos particulares para regular os próprios interesses em um campo estranho ao interesse público, a mesma fonte aparece como uma fonte delegada. Trata-se, em outras palavras, de decidir se a autonomia privada deve ser considerada como um resíduo de um poder normativo natural ou privado, anterior ao Estado, ou se, ao contrário, deve ser considerada como um produto do poder originário do Estado.

## 2. Tipos de fontes e formação histórica do ordenamento

Essa última questão nos mostra que o problema da distinção entre fontes reconhecidas e fontes delegadas é um problema cuja solução depende também da concepção geral que se assume em relação à formação e à estrutura de um ordenamento jurídico.

Em cada ordenamento jurídico, o ponto de referência derradeiro de todas as normas é o poder originário, isto é, o poder para além do qual não existe outro sobre o qual o ordenamento jurídico possa encontrar justificação. Esse ponto de referência é necessário, além do mais, como veremos adiante, para fundar a unidade do ordenamento. Chamamos esse poder

CAPÍTULO 2 – A UNIDADE DO ORDENAMENTO JURÍDICO | 53

originário de *fonte das fontes*. Se todas as normas surgissem diretamente do poder originário, encontrar-nos-íamos diante de um ordenamento simples. Na realidade, isso não ocorre. A complexidade do ordenamento, isto é, o fato de em um ordenamento real as normas afluírem por meio de diversos canais, decorre historicamente de duas razões fundamentais:

1) nenhum ordenamento nasce em um deserto; metáforas à parte, a sociedade civil na qual se vai formando um ordenamento jurídico, como é, por exemplo, o do Estado, não é uma sociedade natural, destituída por completo de leis, mas uma sociedade na qual vigem normas de variados gêneros, morais, sociais, religiosas, costumeiras, consuetudinárias, convencionais e outras mais. O novo ordenamento que surge não elimina jamais por completo as estratificações normativas que o precederam: parte daquelas regras vem fazer parte, por meio de uma recepção expressa ou tácita, do novo ordenamento, o qual, deste modo, surge limitado pelos ordenamentos precedentes. Quando falamos de poder originário, queremos dizer originário no sentido jurídico, e não no histórico. Podemos falar, neste caso, de um *limite externo* ao poder soberano.

2) o poder originário, uma vez constituído, cria ele mesmo novas centrais de produção jurídica, a fim de satisfazer a necessidade de uma normatização sempre atualizada, atribuindo a órgãos executivos o poder de editar normas integradoras subordinadas às legislativas (os regulamentos), a entes autônomos territoriais o poder de editar normas adaptadas às necessidades locais (o poder normativo das regiões, das províncias, dos municípios), a cidadãos privados o poder de regular os próprios interesses por meio de negócios jurídicos (o poder negocial). A multiplicação das fontes não decorre aqui, como nos casos considerados na seção 1, de uma limitação proveniente do exterior, isto é, da confrontação com uma realidade normativa pré-constituída, com a qual mesmo o poder soberano deve se haver, mas de uma *autolimitação do poder soberano*, o qual subtrai a si mesmo parte do poder normativo para conferi-lo a outros órgãos e

## 54 | TEORIA DO ORDENAMENTO JURÍDICO

entes, de alguma forma dele dependentes. Pode-se falar, neste caso, de *limite interno* do poder normativo originário.

É interessante observar como esse dúplice processo de formação de um ordenamento, por meio da absorção de um direito preexistente e da criação de um novo, e a consequente problemática da limitação externa e da limitação interna do poder originário, reflete-se de maneira fiel nas duas principais concepções com as quais os jusnaturalistas explicavam a passagem do estado de natureza ao estado civil. A referência que faço frequentemente às teorias jusnaturalistas deve-se ao fato de que as considero modelos racionais úteis à formulação de teorias simples sobre os problemas mais gerais do direito e do Estado. De acordo com o pensamento jusnaturalista, o poder civil originário forma-se a partir de um anterior estado de natureza por meio do procedimento característico do *contrato social*. Contudo, há dois modos de conceber esse contrato social. Com uma primeira hipótese, que poderíamos dizer hobbesiana, aqueles que estipulam o contrato renunciam completamente a todos os direitos do estado de natureza, e o poder civil nasce sem limites: cada futura limitação será uma autolimitação. Com uma segunda hipótese, que poderíamos chamar lockiana, o poder civil funda-se no objetivo de assegurar um melhor gozo dos direitos naturais (entre os quais a vida, a propriedade, a liberdade) e, logo, nasce originariamente limitado por um direito preexistente. Na primeira hipótese, o direito natural desaparece completamente ao dar vida ao direito positivo; na segunda hipótese, o direito positivo não é senão um instrumento para a completa realização do preexistente direito natural. Ainda: na primeira teoria, a soberania civil nasce absoluta, isto é, sem limites. Os juristas positivistas que aceitam essa hipótese serão obrigados a falar de *autolimitação* do Estado a fim de dar uma explicação ao fato de que mesmo em um ordenamento centralizado, e que se diz originário, como o Estado moderno, existem poderes normativos desconcentrados e suplementares, ou zonas de liberdade diante das quais se detém o poder normativo do Estado. Na segunda teoria, ao contrário, a soberania já nasce limitada, porque o direito natural originário não é completamente suplantado pelo novo direito positivo, mas conserva parte da sua eficácia no interior mesmo do ordenamento positivo, como direito recebido.

Nessas duas hipóteses, observam-se claramente configurados e racionalizados os dois processos de formação de um ordenamento jurídico e a estrutura complexa que deles deriva. De um lado, concebe-se o ordenamento jurídico como fazendo tábula rasa de todo direito preexistente, representado aqui por aquele direito que vige no estado de natureza; de outro, ele é concebido como que emergindo de um estado jurídico mais antigo que continua a subsistir. No primeiro caso, todo limite do poder soberano é autolimitação; no segundo, existem limites originários e externos. Ao falarmos de uma complexidade do ordenamento jurídico, derivada da presença de fontes reconhecidas e de fontes delegadas, acolhemos e reunimos em uma teoria unitária do ordenamento jurídico tanto a hipótese dos limites externos quanto aquelas dos limites internos. Exemplificando, o acolhimento de uma normatização consuetudinária corresponde à hipótese de um ordenamento que nasce limitado; a atribuição de um poder regulamentar corresponde à hipótese de um ordenamento que se autolimita. Quanto ao poder negocial, este pode ser explicado com ambas as hipóteses, ora como uma espécie de direito do estado de natureza (a identificação entre direito natural e direito dos particulares se encontra, por exemplo, em Kant) que o Estado reconhece, ora como uma delegação do Estado aos cidadãos.

# 3. As fontes do Direito

Distinguimos, nos dois itens precedentes, fontes originárias e fontes derivadas; distinguimos, mais além, as fontes derivadas em fontes reconhecidas e fontes delegadas; falamos ainda de uma fonte das fontes. Mas não dissemos ainda o que se entende por "fonte". Podemos aqui aceitar uma definição tornada comum: "fontes do direito" são aqueles fatos e aqueles atos dos quais o ordenamento jurídico faz decorrer a produção de normas jurídicas. O conhecimento de um ordenamento jurídico (e mesmo de um setor particular desse ordenamento) começa sempre da enumeração das suas fontes. Não por acaso o art. 1º das nossas "Disposições Gerais" é o elenco das fontes do ordenamento jurídico italiano vigente. O que nos interessa em

## 56 | TEORIA DO ORDENAMENTO JURÍDICO

uma teoria geral do ordenamento jurídico não é quantas e quais são as fontes do direito de um ordenamento jurídico moderno, mas o fato de que, no mesmo momento em que se reconhece a existência de atos e fatos dos quais se faz decorrer a produção de normas jurídicas (as fontes do direito), reconhece-se exatamente que o ordenamento jurídico, além de regular o comportamento das pessoas, *regula ainda o modo como se devem produzir as regras*. Sói dizer-se que o ordenamento jurídico regula a própria produção normativa. Vimos que existem normas de comportamento ao lado de normas de estrutura. Essas normas de estrutura podem ainda ser consideradas como normas para a produção jurídica: isto é, as normas que regulam os procedimentos de regulamentação jurídica. Elas não regulam um comportamento, mas regulam o modo de regular o comportamento; ou, mais exatamente, o comportamento que elas regulam é aquele de produzir regras.

Consideremos um ordenamento elementar como aquele familiar. Se o concebemos como um ordenamento simples, isto é, como um ordenamento no qual só existe uma fonte de produção normativa, só existirá uma regra sobre a produção jurídica, a qual pode ser formulada deste modo: "O pai tem a autoridade de regular a vida da família.". Mas admitamos que o pai renuncie a regular um setor da vida familiar, aquele da vida escolar dos filhos, e confie à mãe o poder de regulá-lo. Teremos, nesse ordenamento, uma segunda norma sobre a produção jurídica, que poderá ser assim formulada: "A mãe tem a autoridade, atribuída a ela pelo pai, de regular a vida escolar dos filhos.". Como se vê, essa norma não diz nada sobre o modo como os filhos devem executar os seus deveres escolares, diz simplesmente a quem compete estabelecer esses deveres, isto é, positiva uma fonte de direito.

Tomemos agora um ordenamento estatal moderno. Em cada nível normativo nós encontramos normas de conduta e normas de estrutura, isto é, normas voltadas diretamente para a regulação da conduta das pessoas e normas voltadas para a produção de outras normas. Comecemos pela constituição: em uma constituição, como a italiana, há normas que atribuem diretamente direitos e deveres aos cidadãos, como aquelas que dizem respeito aos direitos de liberdade; mas há outras normas que regulam o procedimento pelo qual o Parlamento pode funcionar para exercitar o Poder

CAPÍTULO 2 – A UNIDADE DO ORDENAMENTO JURÍDICO | 57

Legislativo e, logo, não estabelecem nada em relação às pessoas, limitando-se a estabelecer o modo pelo qual outras normas dirigidas às pessoas poderão ser editadas. Quanto às leis ordinárias, também estas não são todas dirigidas diretamente aos cidadãos; muitas delas, como as leis penais e grande parte das leis processuais, têm o objetivo de instruir os juízes sobre como devem ser editadas aquelas normas individuais e concretas que são as sentenças; não são, na verdade, normas de conduta, mas normas para a produção de outras normas.

É suficiente chamar a atenção sobre esta categoria de *normas para a produção de outras normas*: é a presença e frequência dessas normas que constitui a complexidade do ordenamento jurídico; e somente o estudo do ordenamento jurídico nos faz compreender a natureza e a importância dessas normas. Do ponto de vista formal, a teoria da norma jurídica se havia limitado a considerações sobre as normas como imperativos, entendendo como imperativo o comando de fazer ou de não fazer. Se nós levarmos em consideração também as normas para a produção de outras normas, deveremos pôr, ao lado das imperativas, entendidas como comandos de fazer ou de não fazer, e que poderíamos chamar *imperativos de primeira instância*, os *imperativos de segunda instância*, entendidos como comandos de comandar etc. Somente a consideração do ordenamento na sua totalidade nos permite registrar a presença dessas normas de segunda instância.

A classificação desse tipo de norma é muito mais complexa que a das normas de primeira instância, para as quais havíamos falado da tripartição clássica em normas imperativas, proibitivas e permissivas. Podem-se distinguir nove espécies:

1) normas que *mandam mandar* (por exemplo: art. 34, § 2º, da Constituição italiana, em que o constituinte ordena que o legislador ordinário edite leis que tornem obrigatória a instrução);

2) normas que *proíbem mandar* (art. 27, § 4º, da Constituição, em que se proíbe ao legislador impor a pena de morte);

3) normas que *permitem mandar* (em todos os casos nos quais o constituinte julgue não dever intervir ditando normas sobre determinada matéria, pode-se dizer que ele permite ao legislador comandar. Por

58 | TEORIA DO ORDENAMENTO JURÍDICO

exemplo, o art. 32, § 2º, da Constituição, permite ao legislador ordinário estabelecer normas a respeito do tratamento terapêutico);

4) normas que *mandam proibir* (no art. 18, § 2º, da Constituição, o constituinte impõe ao legislador ordinário editar normas proibindo associações secretas);

5) normas que *proíbem proibir* (art. 22, da Constituição: "Ninguém pode ser privado, por motivos políticos, da capacidade jurídica, da cidadania, do nome");

6) normas que *permitem proibir* (a propósito do art. 40 da Constituição, que sanciona a liberdade de greve, pode-se observar que nem nele mesmo nem em outros artigos se fala em liberdade de locaute[1]; essa lacuna poder-se-ia interpretar como se o constituinte quisesse deixar ao legislador ordinário a faculdade de proibi-la);

7) normas que *mandam permitir* (esse caso coincide com o quinto);

8) normas que *proíbem permitir* (esse caso coincide com o quarto);

9) normas que *permitem permitir* (assim como a permissão é a negação da proibição, esse é o caso de uma lei constitucional que derrogue a proibição de uma lei constitucional precedente).

## 4. Construção escalonada do ordenamento

A complexidade do ordenamento, sobre a qual vimos até aqui chamando a atenção, não exclui a sua *unidade*. Não poderíamos falar de ordenamento jurídico se não o considerássemos algo unitário. Que seja unitário um ordenamento simples, isto é, um ordenamento no qual todas as normas decorrem de uma só fonte, é facilmente compreensível. Que seja unitário um ordenamento complexo, isso deve ser explicado. Acolhemos aqui a teoria da construção escalonada do ordenamento jurídico, elaborada por Kelsen. Essa teoria se presta a dar uma explicação sobre a unidade de um ordenamento jurídico complexo. O núcleo dessa teoria é que *as normas de um*

---

1.    Greve em que ocorre fechamento da empresa por parte do empresário em um conflito patrão *versus* empregados.

CAPÍTULO 2 – A UNIDADE DO ORDENAMENTO JURÍDICO | 59

*ordenamento não estão todas em um mesmo plano.* Há normas superiores e normas inferiores. As normas inferiores dependem das superiores. Subindo das normas inferiores até aquelas que se encontram mais acima, chega-se enfim a uma norma suprema, que não depende de nenhuma outra norma superior, e sobre a qual repousa a unidade do ordenamento. Essa norma suprema é a *norma fundamental.* Todo ordenamento possui uma *norma fundamental.* É essa norma fundamental que dá unidade a todas as outras normas; isto é, faz das normas esparsas e de variada proveniência um todo unitário, que se pode chamar, a justo título, de "ordenamento". A norma fundamental é o termo unificador das normas que compõem o ordenamento jurídico. Sem uma norma fundamental, as normas, das quais falamos até agora, constituiriam um acumulado de normas, não um ordenamento. Em outras palavras, conquanto sejam numerosas as fontes do direito em um ordenamento complexo, esse ordenamento constitui uma unidade pelo fato de que, direta ou indiretamente, com desvios mais ou menos tortuosos, todas as fontes do direito podem ser deduzidas de uma única norma.

Em virtude da presença em um ordenamento jurídico de normas superiores e inferiores, este apresenta uma *estrutura hierárquica.* As normas de um ordenamento são dispostas em *ordem hierárquica.* A relevância dessa ordem hierárquica emergirá no capítulo seguinte, quando falaremos das antinomias e do modo de resolvê-las. Aqui nos limitaremos a constatá-la e a ilustrá-la. Consideremos um ato qualquer com o qual Fulano executa uma obrigação contratual com Beltrano e denominemo-lo *ato executivo.* Esse ato executivo é o cumprimento de uma regra de conduta derivada do contrato. Por sua vez, o contrato foi cumprido em observância às normas legislativas que disciplinam os contratos. Quanto às normas legislativas, essas são editadas seguindo as regras estabelecidas pelas leis constitucionais para a edição das leis. Detenhamo-nos aqui. O ato executivo, do qual falamos, está ligado, ainda que mediatamente, às normas constitucionais que produzem, ainda que em diversos níveis, normas inferiores. Esse ato executivo pertence a um sistema normativo dado, à medida que, de norma em norma, pode ser deduzido a partir das normas constitucionais. O cabo recebe ordens do sargento; o sargento, do tenente; o tenente, do capitão, até chegar ao general e mais alto ainda: em um exército se fala de unidade

# 60 | TEORIA DO ORDENAMENTO JURÍDICO

de comando porque a ordem do cabo pode ser remontada até o general. O exército é um exemplo de estrutura hierárquica. Assim também o é o ordenamento jurídico.

Chamamos o ato de Fulano, que executa um contrato, de *ato executivo*, assim como chamamos as normas constitucionais de *produtivas* das normas inferiores. Se observarmos melhor a estrutura hierárquica do ordenamento, perceberemos que os termos *execução* e *produção* são relativos. Podemos dizer que, assim como Fulano *executa* o contrato, Fulano e Beltrano, estipulando o contrato, *executaram* as normas sobre os contratos, e os órgãos legislativos, editando as leis sobre os contratos, *executaram* a Constituição. Por outro lado, se é verdade que as normas constitucionais *produzem* as leis ordinárias, é também verdade que as leis ordinárias *produzem* as normas sobre os contratos, e aqueles que estipulam um contrato *produzem* o ato executivo de Fulano. Em uma estrutura hierárquica, como aquela do ordenamento jurídico, os termos "execução" e "produção" são relativos, porque a mesma norma pode ser considerada, ao mesmo tempo, *executiva* e *produtiva*; executiva em relação à norma superior; produtiva em relação à norma inferior. As leis ordinárias executam a Constituição e produzem os regulamentos. Os regulamentos executam as leis ordinárias e produzem os comportamentos conformes a elas. Todas as fases de um ordenamento são a uma só vez produtivas e executivas, à exceção daquela no grau mais alto e daquela no mais baixo. O nível mais baixo é constituído pelos atos executivos: esses atos são apenas executivos, e não produtivos. O nível mais alto é constituído pela norma fundamental (à qual retornaremos na seção seguinte): esta é somente produtiva, e não executiva. Geralmente se representa a estrutura hierárquica de um ordenamento por meio de uma *pirâmide*, donde se pode falar também de construção em pirâmide do ordenamento jurídico. Nessa pirâmide, o vértice é ocupado pela norma fundamental; a base é constituída pelos atos executivos. Se olharmos de alto a baixo a pirâmide, veremos *uma série de processos de produção jurídica*; se a olharmos de baixo para cima, veremos, ao contrário, *uma série de processos de execução jurídica*. Nos níveis intermediários, há um conjunto de produções e execuções; nos níveis extremos, ou somente produção (norma fundamental), ou somente execução (atos executivos).

## CAPÍTULO 2 – A UNIDADE DO ORDENAMENTO JURÍDICO | 61

Esse duplo processo ascendente e descendente pode ser clarificado ainda com duas outras noções características da linguagem jurídica: *poder* e *dever*. Enquanto a produção jurídica é a expressão de um *poder* (originário ou derivado), a execução revela o cumprimento de *dever*. Uma norma que atribui a uma pessoa ou órgão o poder de editar normas jurídicas atribui ao mesmo tempo a outras pessoas o dever de obedecer. Poder e dever são dois conceitos correlativos: um não pode existir sem o outro. Chama-se poder, em uma de suas mais importantes acepções, a capacidade que o ordenamento jurídico atribui a esta ou àquela pessoa de positivar obrigações em relação a outras pessoas; chama-se obrigação o comportamento que se espera daquele que é sujeito ao poder. Não há obrigação para um sujeito sem que haja um poder para outro sujeito. Às vezes, pode haver poder sem que haja uma obrigação correspondente: trata-se do caso em que ao poder não corresponde uma obrigação, mas uma sujeição (os chamados direitos potestativos); mas isso é questão polêmica, sobre a qual nos detivemos em outras ocasiões e que não é escopo deste trabalho. Seja como for, poder e obrigação são os dois termos correlatos da relação jurídica, a qual se pode definir como a relação entre o poder de um sujeito e o dever do outro sujeito. (Para indicar o correlativo de obrigação, preferimos a palavra "poder" à palavra mais comumente usada "direito", porque esta última palavra, no sentido de direito subjetivo, tem significados diversos e é uma das maiores fontes de confusão nas controvérsias entre os teóricos do direito. "Direito" significa, ainda, "faculdade", "permissão", "lícito", no sentido, ilustrado anteriormente, de comportamento *oposto* à obrigação: a permissão como negação da obrigação. Quando, ao contrário, usa-se "direito" por "poder", direito não é negação do dever, mas o termo correlativo de dever em uma relação intersubjetiva). Quanto à pirâmide que representa o ordenamento jurídico, dado que poder e obrigação são termos correlativos, se a considerarmos de cima para baixo, veremos uma série de poderes sucessivos: o poder constitucional, o poder legislativo ordinário, o poder regulamentar, o poder jurisdicional, o poder negocial e assim por diante; se considerarmos de baixo para cima, veremos uma série de obrigações que se seguem umas às outras: a obrigação de um sujeito de executar a sentença de um magistrado; a obrigação do magistrado de ater-se às leis ordinárias; a obrigação do legislador de não violar a constituição.

62 | TEORIA DO ORDENAMENTO JURÍDICO

Uma última observação sobre a estrutura hierárquica do ordenamento. Ainda que todos os ordenamentos tenham a forma de pirâmide, nem todas as pirâmides contam com o mesmo número de planos. Há ordenamentos nos quais não existe diferença entre leis constitucionais e leis ordinárias: são aqueles ordenamentos em que o poder legislativo pode editar com o mesmo procedimento leis ordinárias e leis constitucionais, e, consequentemente, não existe uma obrigação de o legislador ordinário executar as prescrições contidas nas leis constitucionais. Pode-se imaginar um ordenamento no qual seja abolido até mesmo o nível das leis ordinárias: seria um ordenamento no qual a constituição atribui diretamente aos órgãos judiciários o poder de editar as normas jurídicas necessárias caso a caso. Em um sistema jurídico inspirado em uma ideologia coletivista, em que fosse abolida toda forma de propriedade privada, seria eliminado o plano normativo constituído pelo poder negocial. Mas não existem apenas exemplos de ordenamentos com um número de níveis normativos abaixo do normal. Não é difícil aduzir um exemplo de ordenamento com um nível a mais: são os Estados federais, nos quais, além do Poder Legislativo do Estado federal, há também um Poder Legislativo dos estados-membros que a ele se subordina.

# 5. Limites materiais e limites formais

Quando um órgão superior atribui a um órgão inferior um poder normativo, não lhe atribui um poder ilimitado. Ao atribuir esse poder, estabelece também os limites dentro dos quais pode ser exercido. Como o exercício do poder negocial ou do poder jurisdicional é limitado pelo Poder Legislativo, assim também o exercício do Poder Legislativo é limitado pelo poder constitucional. À medida que se percorre de alto a baixo a pirâmide, o poder normativo é sempre mais restrito. Pense-se na quantidade de poderes atribuídos à fonte negocial em comparação com aqueles atribuídos à fonte legislativa.

Os limites com os quais o poder superior restringe e regula o poder inferior são de dois tipos diferentes:

a) relativos ao conteúdo;

b) relativos à forma.

CAPÍTULO 2 – A UNIDADE DO ORDENAMENTO JURÍDICO | 63

Por isso se fala de limites *materiais* e de limites *formais*. O primeiro tipo de limites diz respeito ao conteúdo da norma que o inferior está autorizado a editar; o segundo tipo diz respeito à forma, isto é, ao modo ou procedimento pelo qual a norma do inferior deve ser editada. Se adotarmos o ponto de vista do inferior, observaremos que este recebe um poder limitado, ou em relação *àquilo* que pode ordenar ou proibir, ou em relação a *como* pode ordenar ou proibir. Os dois limites podem ser impostos simultaneamente, mas em alguns casos pode ocorrer um sem que ocorra o outro. A evidenciação desses limites é importante, pois eles delimitam o âmbito no qual a norma inferior é legitimamente editada: uma norma inferior que exceda os limites materiais, isto é, que regule uma matéria diversa daquelas que lhe foram assinaladas ou de maneira diversa daquela prescrita, ou mesmo que exceda os limites formais, isto é, que não siga o procedimento estabelecido, é passível de ser declarada ilegítima e de ser expulsa do sistema.

Na passagem da norma constitucional para a ordinária, são frequentes e evidentes tanto os limites materiais quanto os limites formais. Quando a lei constitucional atribui aos cidadãos, digamos, o direito à liberdade religiosa, limita o conteúdo normativo do legislador ordinário, isto é, proíbe-o de editar normas que tenham por conteúdo a restrição e a supressão da liberdade religiosa. Os limites de conteúdo podem ser, portanto, *positivos* ou *negativos*, segundo a constituição imponha ao legislador ordinário editar normas em uma determinada matéria (mandamento de mandar), ou então o proíba de editar normas em uma determinada matéria (proibição de mandar, ou mandamento de permitir). Quando uma constituição estabelece que o Estado deve prover a instrução até certa idade, atribui ao legislador ordinário um limite positivo; quando, ao contrário, atribui certos direitos de liberdade, estabelece um limite negativo, isto é, proíbe a edição de leis que reduzam ou eliminem aquela esfera de liberdade. Quanto aos limites formais, estes são constituídos de todas aquelas normas da constituição que prescrevem o modo de funcionamento dos órgãos legislativos: normas que, em seu conjunto, representam parte importante da constituição. Enquanto os limites formais geralmente nunca faltam, podem faltar limites

64 | TEORIA DO ORDENAMENTO JURÍDICO

materiais nas relações entre constituição e lei ordinária: isso se verifica naqueles ordenamentos nos quais não existe uma diferença de nível entre leis constitucionais e leis ordinárias (as chamadas constituições flexíveis). Nesses ordenamentos, o legislador ordinário pode legiferar em qualquer matéria e em qualquer direção: em uma constituição tipicamente flexível como a inglesa, diz-se que o Parlamento pode fazer qualquer coisa exceto transformar o homem em mulher (que, como ação impossível, é por si mesma excluída da esfera de atos reguláveis).

Se, então, observarmos a passagem da lei ordinária para a decisão judicial, entendida como regra do caso concreto, encontraremos, na maior parte das legislações, ambos os limites. As leis relativas ao *direito substancial* podem ser consideradas, sob certo prisma (desde que sejam entendidas como regras dirigidas aos juízes antes que aos cidadãos), como limites de conteúdo ao poder normativo do juiz; em outras palavras, a presença das leis de direito substancial faz com que o juiz, decidindo uma controvérsia, deva procurar e encontrar uma solução segundo aquilo que as leis estabelecem. Quando se diz que o juiz *deve* aplicar a lei, diz-se, em outras palavras, que a atividade do juiz está limitada pela lei, no sentido de que o conteúdo da sentença deve corresponder ao conteúdo de uma lei. Se essa correspondência não ocorre, a sentença do juiz pode ser declarada inválida, da mesma maneira que uma lei ordinária não conforme à Constituição. As leis relativas ao *processo* constituem, ao contrário, os limites formais da atividade do juiz, isso quer dizer que o juiz está autorizado a editar normas jurídicas no caso concreto, mas deve editá-las segundo um rito em grande parte estabelecido pela lei. Em geral, os vínculos do juiz em relação à lei são maiores que aqueles que subsistem para o legislador ordinário em relação à constituição. Enquanto na passagem da constituição para a lei ordinária vimos que se pode verificar o caso de ausência de limites materiais, na passagem da lei ordinária para a decisão judicial essa ausência dificilmente se verifica na realidade: deveríamos aventar a hipótese de um ordenamento no qual a constituição estabelecesse que em todos os casos o juiz deveria julgar segundo a equidade. Chamam-se "juízos de equidade" aqueles pelos quais o juiz está autorizado a resolver uma controvérsia sem recorrer a uma

CAPÍTULO 2 – A UNIDADE DO ORDENAMENTO JURÍDICO | 65

norma legal preestabelecida. O juízo de equidade pode ser definido como uma autorização ao juiz para produzir direito fora de qualquer limite material imposto pelas normas superiores. Nos nossos ordenamentos, esse tipo de autorização é muito raro. Nos ordenamentos nos quais o poder criativo do juiz é maior, o juízo de equidade é ainda assim sempre excepcional: se os limites materiais ao poder normativo do juiz não derivam da lei escrita, derivam de outras fontes superiores, como podem ser o costume e mesmo o precedente judicial.

Na passagem da lei ordinária ao negócio jurídico, isto é, para a esfera da autonomia privada, prevalecem, de hábito, os limites formais sobre aqueles materiais. As normas relativas aos contratos são geralmente normas destinadas a fixar o modo pelo qual o poder negocial deve ser exercido a fim de produzir consequências jurídicas, e não a matéria sobre a qual deve ser exercido. Pode-se formular o princípio geral segundo o qual, em relação à autonomia privada, ao legislador ordinário não interessam tanto as matérias sobre as quais possa exercer-se quanto as formas desse exercício. Isso levou a dizer, em sede de teoria geral, com uma extrapolação inadequada, que ao direito não interessa tanto o que os homens fazem quanto o modo como o fazem; ou mesmo que o direito não prescreve aquilo que os homens devem fazer, mas sim de que maneira, isto é, a forma da ação. Em resumo, que o direito é uma regra formal da conduta humana. Uma tese desse tipo guarda uma aparência de verdade somente se referida à relação entre lei e autonomia privada. Mas, mesmo nesse âmbito restrito, ela não encontra fundamento válido. Pense-se, por exemplo, no poder atribuído ao particular de dispor dos próprios bens mediante testamento. Não há dúvida de que a lei, mesmo por uma atitude de respeito à vontade individual, prescreve, ainda que concisamente, as formalidades com as quais um testamento deve ser redigido a fim de que possa ser considerado válido. No entanto, pode-se dizer que a lei renuncie completamente a impor regras relativas ao conteúdo? No momento em que o legislador estabelece as quotas do patrimônio das quais o testador não pode dispor (a chamada "legítima"), eis que nos defrontamos com limites não mais apenas de ordem formal, mas de conteúdo, isto é, limites que restringem o poder do testador não somente em relação ao *como*, mas também em relação a *o quê*.

66 | TEORIA DO ORDENAMENTO JURÍDICO

# 6. A norma fundamental

Na seção 4, partindo das normas inferiores para as superiores, detivemo-nos nas normas constitucionais. Serão talvez as normas constitucionais as normas últimas, além das quais não se pode ir? Por outro lado, aqui e ali nos ocorreu falar de uma norma fundamental de todo ordenamento jurídico. Serão talvez as normas constitucionais a norma fundamental?

Para fechar o sistema, devemos ainda dar um passo além das normas constitucionais. Partimos da consideração tantas vezes feita de que toda norma pressupõe um poder normativo: norma significa imposição de obrigações (imperativo, comando, prescrição etc); onde há obrigação, já vimos, há poder. Portanto, se há normas constitucionais, deve haver o poder normativo do qual elas são derivadas: esse poder é o poder constituinte. O poder constituinte é o poder último, ou, se se preferir, supremo, originário em um ordenamento jurídico. Mas, se nós vimos que uma norma jurídica pressupõe um poder jurídico, vimos também que todo poder normativo pressupõe, por sua vez, uma norma que o autorize a produzir normas jurídicas. Dado o poder constituinte como poder último, devemos pressupor, portanto, uma norma que atribua ao poder constituinte a faculdade de produzir normas jurídicas: *essa norma é a norma fundamental*. A norma fundamental, enquanto, de um lado, atribui aos órgãos constitucionais o poder de editar normas válidas, impõe, de outro, a todos aqueles aos quais as normas constitucionais se dirigem, o dever de obedecer a elas. É uma norma ao mesmo tempo atributiva e imperativa, segundo a consideremos do ponto de vista do poder ao qual dá origem ou da obrigação que dela deriva. Pode ser formulada deste modo: "O poder constituinte está autorizado a editar normas obrigatórias para toda a coletividade", ou então: "A coletividade está obrigada a obedecer às normas editadas pelo poder constituinte".

Note-se bem: a norma fundamental não é expressa. Mas nós a pressupomos a fim de fundar o sistema normativo. Para fundar um sistema normativo, é necessária uma última norma além da qual seria inútil prosseguir. Todas as polêmicas sobre a norma fundamental originam-se da não compreensão da sua função. Posto um ordenamento de normas de variada

CAPÍTULO 2 – A UNIDADE DO ORDENAMENTO JURÍDICO | 67

proveniência, a unidade do ordenamento postula que as normas que o compõem sejam reduzidas à unidade. Essa *reductio ad unum* não pode ser conseguida se no topo do sistema não se puser uma norma única, da qual todas as outras, direta ou indiretamente, derivem. Essa norma única só pode ser aquela que impõe obedecer ao poder originário do qual se origina a constituição, da qual vêm as leis ordinárias, das quais vêm os regulamentos, dos quais vêm as decisões judiciais etc. etc. Se não postulássemos uma norma fundamental, não encontraríamos o *ubi consistam* do sistema. E essa norma última só pode ser aquela da qual deriva o poder primeiro. Tendo definido todo poder jurídico como produto de uma norma jurídica, só podemos considerar o poder constituinte como poder jurídico se o considerarmos também como o produto de uma norma jurídica. A norma jurídica que produz o poder constituinte é a norma fundamental. Que essa norma não seja expressa não significa que ela não exista: a ela nos referimos como fundamento subentendido de legitimidade de todo o sistema. Quando apelamos à nossa constituição, para exigir sua aplicação, perguntamo-nos alguma vez o que significa juridicamente esse nosso apelo? Significa que consideramos legítima a constituição porque ela foi legitimamente posta. Se então nos perguntamos o que significa ter sido legitimamente posta, ou remontamos ao decreto do governo provisório de 25 de junho de 1944, que atribuía a uma futura assembleia constituinte a tarefa de deliberar sobre uma nova constituição do Estado, ou ainda, admitindo a tese da ruptura entre o velho e o novo ordenamento, só podemos pressupor uma norma que impõe obedecer àquilo que o poder constituinte estabeleceu, e essa é a norma fundamental, que, mesmo não expressa, é o pressuposto da nossa obediência às leis que derivam da constituição e à própria constituição.

Podemos procurar explicar a necessidade de postular a norma fundamental ainda por um outro caminho. Falamos até aqui do ordenamento como um conjunto de normas. Como fazemos para estabelecer se uma norma pertence a um ordenamento? A pertinência de uma norma ao ordenamento é o que se chama de *validade*. Vimos anteriormente quais são as condições a partir das quais se pode dizer que uma norma é válida. Essas condições servem para provar exatamente que uma determinada norma

## 68 | TEORIA DO ORDENAMENTO JURÍDICO

pertence a um ordenamento. Uma norma existe como norma jurídica, ou é juridicamente válida, desde que pertença a um ordenamento jurídico. Saber se uma norma jurídica é ou não válida não é questão ociosa. Se uma norma jurídica é válida, significa que é obrigatória a conformação a ela. E que seja obrigatório conformar-se a ela significa geralmente que, se nós não nos conformarmos, o juiz será, por sua vez, obrigado a intervir atribuindo esta ou aquela sanção. Se é verdade que os cidadãos muito frequentemente agem sem se preocupar com as consequências jurídicas das suas ações e, logo, sem se perguntar se o que fazem é ou não conforme com uma norma válida, o juiz aplica somente as normas que são ou que ele entende como válidas. O juízo sobre a validade de uma norma é decisivo, se não sempre para a conduta do cidadão, certamente sempre para a conduta do juiz. Mas como faz o cidadão ou o juiz para distinguir uma norma válida de uma não válida, em outras palavras, uma norma pertencente ao sistema de outra que a ele não pertence?

Dissemos anteriormente que a primeira condição para que uma norma seja considerada válida é que ela seja editada por uma autoridade que tenha legitimamente o poder de editar normas jurídicas. Mas qual autoridade tem este poder legítimo? Aquela à qual esse poder foi atribuído por uma norma superior também legítima. E essa norma superior, de onde deriva? Ainda uma vez, de nível em nível, atingimos o poder supremo, cuja legitimidade é dada por uma norma para além da qual não existe outra norma, e é, portanto, a norma fundamental. Assim, podemos responder como se pode estabelecer a pertinência de uma norma a um ordenamento: estabelece-se remontando de nível em nível, de poder em poder, até a norma fundamental. E como a pertinência ao ordenamento significa validade, podemos concluir que uma norma é válida quando puder ser reconectada, não importa se através de um ou de vários elos, à norma fundamental.

Então, diremos que a norma fundamental é o critério supremo que permite estabelecer a pertinência de uma norma a um ordenamento, em outras palavras, é o *fundamento de validade de todas as normas do sistema*. Não somente, portanto, a exigência da *unidade* do ordenamento, mas também a exigência de fundamentar a validade do ordenamento nos induzem a postular a norma fundamental, a qual é ao mesmo tempo o fundamento de validade e o princípio unificador das normas de um ordenamento. E, uma

CAPÍTULO 2 – A UNIDADE DO ORDENAMENTO JURÍDICO | 69

vez que um ordenamento pressupõe que exista um critério para estabelecer a pertinência das partes ao todo, e um princípio que as unifique, não pode haver ordenamento sem norma fundamental. Uma coerente teoria do ordenamento jurídico e a teoria da norma fundamental são indissociáveis.

Neste ponto, alguém poderá questionar: "E a norma fundamental, sobre o que se funda?". Grande parte da hostilidade à admissão da norma fundamental deriva da objeção que vem formulada com essa pergunta. Dissemos que a norma fundamental é um pressuposto do ordenamento: ela cumpre, em um sistema normativo, a mesma função que os postulados em um sistema científico. Os postulados são aquelas proposições primitivas das quais se deduzem as outras, mas que não são dedutíveis elas mesmas. Os postulados são postos por convenção ou por sua pretensa evidência. O mesmo se pode dizer da norma fundamental: ela é uma convenção ou, se se quiser, uma proposição evidente que é posta no vértice do sistema para que a ela se possam referir todas as outras normas. À pergunta "sobre o que se funda" deve-se responder que ela não dispõe de nenhum fundamento, porque, se o tivesse, não seria mais a norma fundamental, pois que haveria uma norma superior da qual ela decorreria. Permaneceria, assim, sempre aberto o problema do fundamento dessa nova norma, e esse problema não poderia ser resolvido a não ser remontando ainda a uma outra norma ou mesmo aceitando a nova norma como postulado. Todo sistema tem um início. Perguntar-se sobre o que estaria por trás daquele início é um problema infecundo. A única resposta que se pode dar a quem queira saber qual é o fundamento do fundamento é que para sabê-lo é necessário sair do sistema. Assim, no que diz respeito ao fundamento da norma fundamental, pode-se dizer que, se isso é um problema, não é mais um problema jurídico, isto é, trata-se de um problema cuja solução deve ser buscada fora do sistema jurídico, quer dizer, fora daquele sistema que, para ser fundado, requer seja postulada a norma fundamental.

Com o problema do fundamento da norma fundamental, deixamos a teoria do direito positivo, à qual nos ativemos até agora, e entramos na secular discussão acerca do fundamento, ou melhor, da justificação em sentido absoluto do poder. Podemos conceber as tradicionais teorias sobre o

# 70 | TEORIA DO ORDENAMENTO JURÍDICO

fundamento do poder como tentativas de responder à pergunta: "Qual é o fundamento da norma fundamental em um ordenamento jurídico positivo?". Tais respostas podem ser dadas à medida que se transcenda o ordenamento jurídico positivo e se leve em consideração um ordenamento mais vasto, por exemplo, o ordenamento cósmico, ou o humano, de maneira geral, do qual o ordenamento jurídico seja considerado uma parte; em outras palavras, à medida que se realize a operação de inserir um dado sistema, no nosso caso, o sistema jurídico, em um sistema mais vasto. Apresentamos aqui, à guisa de ilustração do que estamos dizendo, algumas famosas respostas dadas ao problema do fundamento último do poder, tendo sempre presente que cada uma dessas respostas pode ser concebida como a formulação de uma norma superior para a norma fundamental, na qual nos detivemos, como a descoberta de um poder superior ao poder constituinte, isto é, de um poder que é a *verdadeira fonte última* de todo poder.

a) Todo poder vem de Deus (*omnis potestas nisi a Deo*). Essa doutrina integra a norma fundamental de um ordenamento jurídico, afirmando que o dever de obedecer ao poder constituinte deriva do fato de que esse poder (como todo poder soberano) deriva de Deus, ou seja, foi autorizado por Deus a editar normas jurídicas válidas. O que significa que na pirâmide do ordenamento é necessário atingir um nível superior àquele representado pelo poder normativo dos órgãos constitucionais, e esse nível superior é o poder normativo divino. O legislador ordinário recebe delegação do legislador constituinte; o legislador constituinte recebe delegação de Deus. A norma fundamental, nesse caso, é a que faz de Deus a autoridade capaz de editar normas obrigatórias para todos os homens e, ao mesmo tempo, ordena a todos os homens obedecer aos mandamentos de Deus.

b) O dever de obedecer ao poder constituído deriva da *lei natural*. Por lei natural entende-se uma lei que não foi posta por qualquer autoridade histórica, mas revelada aos homens por meio da razão. A definição mais frequente do direito natural é *dictamen rectae rationis*. Para dar uma justificação ao direito positivo, as teorias jusnaturalistas descobrem um outro direito, superior ao direito positivo, que deriva não da vontade deste ou daquele homem, mas da própria razão que é comum a todos os homens. Algumas correntes jusnaturalistas sustentam que um dos preceitos fundamentais da razão, e, portanto, da lei natural, é que é necessário obedecer aos governantes (é a chamada teoria da obediência). Para quem sustenta tal teoria, a norma fundamental de um ordenamento positivo está fundada em uma lei natural que manda obedecer à razão, a qual, por sua vez, manda obedecer aos governantes.

c) O dever de obedecer ao poder constituído deriva de uma *convenção originária*, da qual o poder extrai sua própria justificação. Ao longo de todo o percurso do pensamento político da Antiguidade até a Idade Moderna, o fundamento do poder foi, amiúde, encontrado no chamado *contrato social*, isto é, em um acordo originário entre aqueles que se reúnem em sociedade ou mesmo entre os membros de uma sociedade e aqueles aos quais é confiado o poder. Segundo essa doutrina, o poder constituído extrai sua legitimidade não do fato de derivar de Deus ou da natureza, mas da vontade concorde daqueles que lhe dão vida. Aqui, a vontade coletiva tem a mesma função de Deus nas doutrinas teológicas e da razão nas doutrinas jusnaturalistas: isto é, tem a função de representar um nível ulterior além da norma fundamental de um ordenamento jurídico positivo, aquele grau supremo que permite dar uma resposta à pergunta acerca do fundamento do fundamento. Mas mesmo essa resposta, não obstante as aparências, não é mais realista que as anteriores. E desloca o problema, tal como as anteriores, da existência do ordenamento jurídico para a sua justificação.

# 7. Direito e força

Além das objeções sobre o fundamento da norma fundamental, a teoria da norma fundamental é objeto de uma outra crítica muito frequente, que não diz respeito mais ao fato de que exista uma norma fundamental, mas se refere ao seu *conteúdo*. A norma fundamental, tal como a pressupomos,

# 72 | TEORIA DO ORDENAMENTO JURÍDICO

estabelece que é necessário obedecer ao poder originário (que é o mesmo poder constituinte). Mas o que é o poder originário? É o conjunto das normas políticas que em um determinado momento histórico prevaleceram e instauraram um novo ordenamento jurídico. Objeta-se, então, que apoiar todo o sistema normativo no poder originário significa *reduzir o direito à força*.

Sobre as relações entre direito e força discorremos brevemente a respeito também no curso precedente. Aqui, procuramos desenvolver aqueles conceitos em relação à presente discussão. Em primeiro lugar, não se deve confundir o *poder* com a *força* (em particular com a força física). Falando de poder originário, falamos das forças políticas que instauraram um determinado ordenamento jurídico. Que essa instauração tenha ocorrido mediante o exercício da força física não está de modo algum implícito no conceito de poder. Pode-se muito bem imaginar um poder que repouse exclusivamente no consenso. Como observamos no curso anterior, todo poder originário repousa em certa medida na força e em certa medida no consenso. Quando a norma fundamental diz que devemos obedecer ao poder originário, não deve absolutamente ser interpretada no sentido de que se deve submeter à violência, mas sim no sentido de que se deve submeter àqueles que têm o poder coercitivo. Mas esse poder coercitivo pode muito bem ser possuído por consenso geral. Os detentores do poder são aqueles que dispõem da força necessária para fazer respeitar as normas que editam. Nesse sentido, a força é um instrumento necessário ao poder. Isso não quer dizer que seja também o seu fundamento. A força é necessária para exercer o poder; não é necessária para justificá-lo.

Ao dizer que o direito está fundado, em última análise, no poder, e entendendo por poder o poder coercitivo, isto é, o poder de fazer respeitar, ainda que recorrendo à força, as normas editadas, não dizemos nada de diferente do que afirmamos repetidamente em relação ao direito como conjunto de regras com eficácia reforçada. Se o direito é um conjunto de regras com eficácia reforçada, isto significa que um ordenamento jurídico é impensável sem o exercício da força, isso é, sem um poder. Pôr como fundamento último de um ordenamento jurídico positivo o poder não quer dizer reduzir o direito à força, mas simplesmente reconhecer que a força é necessária para a realização do direito. O que não é mais do que acentuar o conceito de direito como ordenamento com eficácia reforçada.

Se a força é necessária à realização do direito, então só existe um ordenamento jurídico (isto é, que corresponde à definição que demos de direito) se e até que se faça valer com a força: em outras palavras, um ordenamento jurídico existe enquanto for *eficaz*. Isso implica ainda uma diferença entre a consideração da norma singular e a do ordenamento no seu conjunto. Uma norma singular, como pudemos esclarecer no curso anterior, pode ser válida sem ser eficaz. Um ordenamento jurídico, tomado em seu conjunto, só é válido se for eficaz. A norma fundamental que obriga a obedecer aos detentores do poder originário é aquela que legitima o poder originário para o exercício da força; e, nesse sentido, uma vez que o exercício da força para fazer respeitar as normas é uma característica do ordenamento jurídico, a norma fundamental, assim concebida, está realmente a fundamentar o ordenamento jurídico. Aqueles que temem que com a norma fundamental, tal como foi aqui concebida, ocorra uma redução do direito à força, preocupam-se não tanto com o direito quanto com a justiça. Mas essa preocupação está mal posta. A definição de direito que acolhemos não coincide com aquela de justiça. A norma fundamental é o fundamento do direito tal qual ele é (o direito positivo), e não do direito tal como deveria ser (o direito justo). Ela autoriza os que detêm o poder a exercer a força, mas não diz que o uso da força seja justo só pelo fato de ter sido desejado pelo poder originário. Ela confere uma legitimidade jurídica, não moral, ao poder. O direito tal qual é revela-se expressão dos mais fortes, não dos mais justos. Tanto melhor se, no fim das contas, os mais fortes são também os mais justos.

Há um modo de entender as relações entre direito e força que foi recentemente defendido por Ross, mas se sustenta, sobretudo, em Kelsen. Para ser breve, até aqui sustentamos que a força é *instrumento* para a realização do direito (entendido, no sentido amplo, como ordenamento jurídico). A teoria, enunciada por Kelsen e defendida por Ross, sustenta, ao contrário, que a força é o *objeto* da regulamentação jurídica, isto é, que por direito deve entender-se não propriamente um conjunto de normas afirmadas pela

74 | TEORIA DO ORDENAMENTO JURÍDICO

força, mas um conjunto de normas que regulam o exercício da força em determinada sociedade. Quando Kelsen diz que o direito é um ordenamento coercitivo, quer indicar que ele é composto de normas que regulam a coação, isto é, que dispõem sobre o modo como se devem aplicar certas sanções. Textualmente:

> Uma regra é jurídica não porque a sua eficácia é assegurada por uma outra regra que estabelece uma sanção; *uma regra é jurídica porque estabelece uma sanção*. O problema da coerção não é o problema de assegurar a eficácia das regras, mas sim *o problema do conteúdo das regras* (KELSEN, 1952, p. 28-9).

Da mesma forma, explicitamente, diz Ross: "Devemos insistir no fato de que a relação entre as normas jurídicas e a força consiste em que elas dizem respeito à aplicação da força, e não de que são protegidas por meio da força" (ROSS, 1958, p. 53). E ainda: "Um sistema jurídico nacional é um conjunto de normas que dizem respeito ao exercício da força física" (ROSS, 1958, p. 52).

Parece-me claro que esse modo de compreender o direito, que desloca a força da posição de instrumento para a de objeto da regulamentação jurídica, está em estreita conexão com uma teoria à qual já nos referimos no curso precedente: a teoria que só considera como normas jurídicas as normas secundárias, quer dizer, as normas que têm por destinatários os órgãos judiciários. Não por acaso, Kelsen levou às últimas consequências a tese segundo a qual normas jurídicas são apenas aquelas secundárias, a ponto de chamá-las primárias. As normas secundárias de fato podem ser definidas como as que regulam o modo e a medida pelos quais se devem aplicar as sanções, e uma vez que a sanção é, em última instância, um ato de força, essas normas, regulando a aplicação das sanções, regulam, na realidade, o exercício da força. Se isso é verdade, e o confirma Kelsen, seja com a presença da definição de direito como regra de força, seja com a identificação das normas jurídicas com as normas secundárias, a refutação desse modo de entender as relações entre direito e força pode ser feita com os mesmos argumentos com os quais procuramos refutar a consideração das normas secundárias como as únicas normas jurídicas, naquelas páginas do curso precedente a que remetemos (p. 123).

CAPÍTULO 2 – A UNIDADE DO ORDENAMENTO JURÍDICO | 75

Aqui, no âmbito da teoria do ordenamento jurídico, podemos acrescentar ainda alguma coisa. A definição do direito como um conjunto de normas para o exercício da força é uma definição do direito que podemos classificar entre as definições atinentes ao conteúdo. Mas essa é uma definição extremamente limitativa. Se considerarmos as normas singulares de um ordenamento, essa limitação salta imediatamente aos olhos: chamamos de normas jurídicas também aquelas que estabelecem de que modo é obrigatório, ou proibido, ou lícito aos cidadãos comportarem-se. Como já dissemos, a juridicidade de uma norma determina-se não por meio do seu conteúdo (e nem mesmo por meio da forma, do fim e assim por diante), mas simplesmente por meio da sua pertinência ao ordenamento, pertinência que, por sua vez, determina-se remontando a partir da norma inferior à norma superior, até a norma fundamental. Se consideramos o ordenamento jurídico no seu conjunto, podemos certamente dizer que um ordenamento torna-se jurídico quando se formam regras para o uso da força (passa-se da fase do uso indiscriminado à do uso limitado e controlado da força); mas não se pode igualmente dizer que, em consequência disso, um ordenamento jurídico seja um conjunto de regras para o exercício da força. As regras para o exercício da força são, em um ordenamento jurídico, aquela parte das regras que servem para organizar a sanção e, logo, para tornar mais eficazes as normas de conduta e o próprio ordenamento na sua totalidade. O objetivo de qualquer legislador não é organizar a força, *mas sim organizar a sociedade mediante a força*. A definição de Kelsen e de Ross parece limitativa ainda no que toca ao ordenamento jurídico tomado em seu conjunto, porque toma a parte pelo todo, o instrumento pelo fim.

CAPÍTULO 3

# A COERÊNCIA DO ORDENAMENTO JURÍDICO

## 1. O ordenamento jurídico como sistema

No capítulo precedente, falamos da *unidade* do ordenamento jurídico e mostramos que se pode falar de unidade desde que se pressuponha na base do ordenamento uma norma fundamental à qual se possam referir, direta ou indiretamente, todas as normas do ordenamento. O ulterior problema que se nos apresenta é se o ordenamento jurídico, além da unidade, constitui também um *sistema*, em resumo, se se trata de uma *unidade sistemática*. Entendemos por "sistema" uma *totalidade ordenada*, isto é, um conjunto de entes entre os quais existe uma certa ordem. Para que se possa falar de ordem, é necessário que os entes constitutivos não estejam em relação apenas com o todo, mas também estejam em relação de coerência entre eles. Pois bem, quando nos perguntamos se um ordenamento jurídico constitui um sistema, perguntamos se as normas que o compõem estão em relação de coerência entre elas, bem como quais condições tornam possível essa relação.

O problema do sistema jurídico foi até hoje escassamente estudado. Juristas e filósofos do direito falam em geral do direito como um sistema, mas em que consiste esse sistema não está muito claro. Podemos, ainda, começar aqui a partir da análise do conceito de sistema feita por Kelsen. Ele distingue entre os ordenamentos normativos dois tipos de sistemas, um que se chama *estático* e outro, *dinâmico*. Sistema estático é aquele no qual as normas estão ligadas umas às outras como proposições de um sistema dedutivo, isto é, pelo fato de se deduzirem umas das outras partindo de uma ou mais normas originárias de caráter geral, que têm a mesma função de postulados ou axiomas em um sistema científico. Por exemplo: Hobbes põe como fundamento da sua teoria do direito e do estado a máxima *Pax est quaerenda*, e com isso quer dizer que o postulado ético fundamental do homem consiste em que é necessário evitar a guerra e buscar a paz; dessa regra fundamental deduz ou pretende deduzir todas as principais regras da conduta humana, que chama de leis naturais. Então, fica claro que todas essas leis formam um sistema, uma vez que são deduzidas da primeira. Uma tal construção sistemática de um complexo de normas é o que Kelsen chama de "sistema estático". Pode-se dizer, de outra forma, que em um sistema desse tipo as normas estão ligadas entre si pelo seu *conteúdo*.

Sistema dinâmico, ao contrário, é aquele no qual as normas que o compõem derivam umas das outras por meio de sucessivas delegações de poder, isto é, não por meio do seu conteúdo, mas da *autoridade* que as positivou: uma autoridade inferior deriva de uma autoridade superior, até que se chegue à autoridade suprema, que não tem nenhuma outra autoridade acima de si. Pode-se dizer, em outras palavras, que a ligação entre as várias normas é, nesse tipo de ordenamento normativo, não material, mas sim *formal*. Um exemplo de sistema dinâmico seria o daquele que pusesse no vértice do ordenamento a máxima: "É necessário obedecer à vontade de Deus"; nesse caso, a pertinência de outras normas ao sistema não seria determinada pelo seu conteúdo, isto é, pelo fato de estabelecerem uma conduta de preferência a outra, mas pelo fato de que, por meio da passagem de uma autoridade a outra, possam ser referidas à autoridade divina.

A distinção entre os dois tipos de ligação entre as normas, o material e o formal, pode-se constatar na experiência de todos os dias, quando, diante do dever de justificar um comando (e a justificação é feita inserindo-o

CAPÍTULO 3 – A COERÊNCIA DO ORDENAMENTO JURÍDICO | 79

no sistema), temos dois caminhos abertos diante de nós, ou justificá--lo deduzindo-o de um comando de alcance mais geral ou, ainda, atribuindo-o a uma autoridade indiscutível. Por exemplo, um pai ordena ao filho que faça a lição, e o filho questiona por quê. Se o pai responder: "Porque você deve aprender", a justificação tende à construção de um sistema estático; se responder: "Porque você deve obedecer ao seu pai", a justificação tende à construção de um sistema dinâmico. Digamos que o filho, não satisfeito, peça uma ulterior justificação. No primeiro caso, perguntará: "Por que devo aprender?". A construção do sistema estático levará a uma resposta deste tipo: "Porque você deve passar de ano". No segundo caso, perguntará: "Por que devo obedecer ao meu pai?". A construção do sistema dinâmico levará a uma resposta deste tipo: "Porque o seu pai está autorizado a mandar pela lei do Estado". Observam-se, no exemplo, os dois diferentes tipos de ligação para passar de uma norma a outra: no primeiro caso, por meio do conteúdo da prescrição, no segundo, por meio da autoridade que a positivou.

Feita essa distinção, Kelsen sustenta que os ordenamentos jurídicos são sistemas do segundo tipo, quer dizer, são sistemas dinâmicos. Sistemas estáticos seriam, ao contrário, os ordenamentos morais. Aparece aqui um outro critério para a distinção entre direito e moral. O ordenamento jurídico é um ordenamento no qual a pertinência das normas é julgada com base em um critério meramente formal, isto é, independentemente do conteúdo; o ordenamento moral é aquele no qual o critério de pertinência das normas ao sistema é fundado no que prescrevem as normas (não na autoridade da qual derivam). Mas, se é assim, parece difícil falar do ordenamento jurídico propriamente como um *sistema*, isto é, chamar de "sistema" o ordenamento de tipo dinâmico com aquela mesma propriedade com a qual se fala em geral de sistema como totalidade ordenada, e em particular de sistema estático. Qual ordem pode existir entre as normas de um ordenamento jurídico, se o critério de pertinência é puramente formal, isto é, diz respeito não à conduta que elas regulam, mas unicamente ao modo pelo qual elas foram postas? A autoridade delegada pode editar qualquer norma? E, se puder editar qualquer norma, poderá editar também uma norma contrária àquela editada por uma outra autoridade delegada? Mas podemos ainda falar de um sistema, de ordem, de totalidade ordenada em um conjunto de normas no qual duas normas contraditórias fossem ambas legítimas? Em um ordenamento jurídico complexo, como o que permanentemente temos em vista, caracterizado pela pluralidade de fontes, não parece haver dúvida de que possam existir normas produzidas por uma fonte em contraste com normas produzidas por uma outra fonte. Ora, tendo em vista a definição de sistema dinâmico como aquele sistema no qual o critério de pertinência das normas é puramente formal, deve-se concluir que em um sistema dinâmico duas normas em conflito são perfeitamente legítimas. E, de fato, para julgar o conflito de duas normas, é necessário examinar os seus respectivos conteúdos; não basta referir-se à autoridade que as editou. Mas um ordenamento que admita em seu seio entes em conflito entre eles pode-se ainda chamar de "sistema"? Como se vê, está longe de ser óbvio que um ordenamento jurídico constitua um sistema, sobretudo se partirmos da identificação do ordenamento jurídico com o sistema dinâmico. Ou, pelo menos, deve-se precisar, se se quer continuar a falar de um sistema normativo em relação ao direito, em que sentido, sob quais condições e dentro de quais limites dele se pode falar.

## 2. Três significados de sistema jurídico

Na linguagem jurídica corrente, o uso do termo "sistema" para indicar o ordenamento jurídico é comum. Nós mesmos, nos capítulos precedentes, usamos às vezes a expressão "sistema normativo" de preferência àquela mais frequente, "ordenamento jurídico". Mas qual é exatamente o significado da palavra "sistema", referida ao ordenamento jurídico, não costuma vir esclarecido. Consideremos, aleatoriamente, dois entre os autores italianos mais conhecidos, Del Vecchio e Perassi. Lemos no ensaio de Del Vecchio, *Sobre a estatalidade do direito*, este trecho:

As proposições singulares jurídicas, mesmo podendo considerar-se também por si mesmas na sua abstração, tendem naturalmente a constituir--se em sistema. A necessidade de coerência lógica leva a aproximar, entre

## CAPÍTULO 3 – A COERÊNCIA DO ORDENAMENTO JURÍDICO | 81

elas, as que são compatíveis ou respectivamente complementares, e a eliminar as contraditórias ou incompatíveis. A vontade, que é uma lógica viva, só pode desenvolver-se, mesmo no campo do direito, ligando as suas afirmações, a fim de reduzi-las a um todo harmônico.[2]

Perassi, na sua *Introdução às Ciências Jurídicas* (1953, p. 32):

As normas que vêm a constituir um ordenamento não estão isoladas, mas se tornam parte de um sistema, uma vez que certos princípios agem como conexões, pelas quais as normas são reunidas de modo a constituir um bloco sistemático.

Se passarmos das declarações programáticas para o exercício da atividade do jurista, encontrar-nos-emos diante de outra prova da tendência constante da jurisprudência para considerar o direito como sistema: a consideração comum, entre as várias formas de interpretação, da chamada *interpretação sistemática*. Chama-se "interpretação sistemática" a forma de interpretação que extrai seus argumentos do pressuposto de que as normas de um ordenamento ou, mais exatamente, de uma parte do ordenamento (como o direito privado, o direito penal) constituem uma totalidade ordenada (ainda que depois se deixe um pouco vago o que se deve entender com essa expressão), e, portanto, possa-se esclarecer uma norma obscura ou até mesmo integrar uma norma deficiente recorrendo ao chamado "espírito do sistema", ainda que indo de encontro ao que resultaria de uma interpretação meramente literal. Também aqui, para tomar um exemplo, recordemos que o art. 265 do Código Civil italiano reconhece somente a violência e não o erro entre os vícios do reconhecimento do filho natural. Um intérprete, que houve por bem acolher entre os vícios de reconhecimento do filho natural também o erro, contrariando a letra da lei, precisou apelar para a chamada vontade objetiva da lei, isto é, "àquele comando que, por estar fundado na *lógica do inteiro sistema*, pode dizer-se realmente vinculante para o intérprete" (SLAVI, 1952, p. 24). Que o ordenamento jurídico, ou ao menos uma parte dele, constitua um sistema é, portanto, um pressuposto da atividade interpretativa, um dos ossos do ofício do jurista, por assim dizer.

---

2. O ensaio, que é de 1928, encontra-se em BOBBIO, 1958, p. 97.

## 82 | TEORIA DO ORDENAMENTO JURÍDICO

Mas o fato de haver um sistema normativo não quer ainda dizer que se saiba exatamente de qual tipo de sistema se trate. O termo "sistema" é um daqueles termos com muitos significados, que cada um usa segundo suas próprias conveniências. No uso histórico da filosofia do direito e da jurisprudência, parece-me que emergem três significados diferentes de sistema. Um primeiro significado é aquele mais próximo ao significado de "sistema" na expressão "sistema dedutivo" ou, mais exatamente, foi baseado neste. Nessa acepção, diz-se que um dado ordenamento é um sistema desde que todas as normas jurídicas daquele ordenamento possam ser derivadas de alguns princípios gerais (também ditos "princípios gerais do direito"), considerados do mesmo modo que os postulados de um sistema científico. Essa acepção muito rigorosa, como se pode ver, do termo sistema referiu-se historicamente apenas ao ordenamento de direito natural. Tem sido uma das mais constantes pretensões dos jusnaturalistas modernos, pertencentes à escola racionalista, construir o direito natural como um sistema dedutivo. E uma vez que o exemplo clássico do sistema dedutivo era a geometria euclidiana, a pretensão dos jusnaturalistas se resolvia na tentativa (realmente desesperada) de elaborar um sistema jurídico *geometrico more demonstratum*. Citemos uma passagem muito significativa de Leibniz (1951, p. 219):

> De qualquer definição podem-se extrair consequências seguras, empregando as incontestáveis regras da lógica. Isso é precisamente o que se faz construindo as ciências necessárias e demonstrativas, que não dependem dos fatos, mas unicamente da razão, tais como a lógica, a metafísica, a aritmética, a geometria, a ciência do movimento, bem como a *ciência do direito*, as quais não são de maneira alguma fundadas na experiência e nos fatos, mas servem antes para dar conta dos fatos e regulá-los por antecipação: isso valeria para o direito mesmo que não houvesse no mundo sequer uma lei.

E em outra passagem: "A teoria do direito pertence ao número das que não dependem de experimentos, mas de definições; não do que mostram os sentidos, mas do que demonstra a razão" (LEIBNIZ, 1951, p. 87).

Um segundo significado de sistema, que não tem nada a ver com aquele descrito, encontramos na ciência do direito moderna, que nasce,

## CAPÍTULO 3 – A COERÊNCIA DO ORDENAMENTO JURÍDICO | 83

ao menos no Continente, da pandectística alemã e remonta a Savigny, que é o autor, não por acaso, do célebre *Sistema do direito romano atual*. É muito frequente entre os juristas a opinião de que a ciência jurídica moderna tenha nascido na passagem da jurisprudência exegética para a *jurisprudência sistemática*, ou, em outras palavras, que a jurisprudência tenha se elevado à condição de ciência ao tornar-se "sistemática". Parece quase que se quer dizer que a jurisprudência, antes de tornar-se sistema, não merece o nome de ciência, mas seja somente arte hermenêutica, técnica, comentário sobre textos legislativos. Muitos tratados de juristas são intitulados *Sistema*, evidentemente para indicar que aí se desenvolve um tratado científico. O que significa, nesta acepção, "sistema"? Os juristas não querem dizer que a jurisprudência sistemática consista na dedução de todo o direito de alguns princípios gerais, como queria Leibniz. Aqui o termo "sistema" é usado, ao contrário, para indicar um ordenamento da matéria, realizado com procedimento indutivo, isto é, partindo do conteúdo das normas singulares com o objetivo de construir conceitos sempre mais gerais, e classificações e divisões de toda a matéria: a consequência dessas operações será o ordenamento do material jurídico, da mesma forma que as laboriosas classificações do zoólogo dão um ordenamento ao reino animal. Na expressão "jurisprudência sistemática" usa-se a palavra "sistema" não no sentido das ciências dedutivas, mas no das ciências empíricas e naturais, isto é, como ordenamento desde baixo, do mesmo modo com que se fala de uma zoologia sistemática. O procedimento típico dessa forma de sistema não é a dedução, mas a *classificação*. O seu escopo não é desenvolver analiticamente, mediante regras preestabelecidas, alguns postulados iniciais, mas sim reunir os dados fornecidos pela experiência com base na semelhança para formar conceitos generalíssimos que permitam unificar todo o material dado. Teremos perfeita ideia do significado de sistema como ordenamento desde baixo, próprio da jurisprudência sistemática, se tivermos presente que uma das maiores conquistas de que se gaba essa jurisprudência foi a teoria do negócio jurídico. O conceito de negócio jurídico é manifestamente o resultado de um esforço construtivo e sistemático no sentido do sistema empírico que ordena generalizando e classificando. Ele veio à luz a partir da reunião de fenômenos

84 | TEORIA DO ORDENAMENTO JURÍDICO

variados e talvez mesmo aparentemente distantes, mas que mesmo assim tinham em comum a característica de ser manifestações de vontade com consequências jurídicas. O conceito mais geral elaborado pela sistemática é muito provavelmente o de relação jurídica: é um conceito que permite a redução de todos os fenômenos jurídicos a um esquema único e favorece, portanto, a construção de um sistema no sentido de um sistema empírico ou indutivo. O conceito de relação jurídica é o conceito sistemático por excelência da ciência jurídica moderna. Mas é claro que a sua função não é a de propiciar um processo de dedução, mas sim a de permitir um melhor ordenamento da matéria.

O terceiro significado de sistema jurídico é, sem dúvida, o mais interessante, e é aquele sobre o qual nos deteremos neste capítulo: diz-se que um ordenamento jurídico constitui um sistema porque nele não podem coexistir *normas incompatíveis*. "Sistema" aqui equivale a validade do princípio que exclui a *incompatibilidade* das normas. Se em um ordenamento surgirem normas incompatíveis, uma delas ou ambas devem ser eliminadas. Se isso é verdade, quer dizer que as normas de um ordenamento têm uma certa relação entre si, e essa relação é a relação de compatibilidade, que implica a exclusão da incompatibilidade. Observe-se, porém, que dizer que as normas devem ser compatíveis não quer dizer que se impliquem umas com as outras, isto é, que constituam um sistema dedutivo perfeito. Neste terceiro sentido de sistema, o sistema jurídico não é um sistema dedutivo como no primeiro sentido: é um sistema em um sentido menos denso, em um sentido negativo, isto é, de uma ordem que exclui a incompatibilidade das suas partes singulares. Duas proposições como: "A lousa é negra" e "O café é amargo" são compatíveis, mas não se implicam uma com a outra. Portanto, é inexato falar, como se faz frequentemente, de *coerência* do ordenamento jurídico no seu conjunto: pode-se falar de exigência de coerência somente entre as suas partes singulares. Em um sistema dedutivo, se ocorre uma contradição, desaba todo o sistema. Em um sistema jurídico, a admissão do princípio que exclui a incompatibilidade tem por consequência, no caso de incompatibilidade de duas normas, a queda não de todo o sistema, mas somente de uma das duas normas ou, no máximo, de ambas.

Por outro lado, se, confrontado com um sistema dedutivo, o sistema jurídico revela-se algo menor, confrontado com o sistema dinâmico, do qual falamos na seção anterior, é algo maior: de fato, caso se admita o princípio de compatibilidade, para considerar a pertinência de uma norma ao sistema, não mais bastará demonstrar a sua derivação de uma das fontes autorizadas, será necessário ainda demonstrar que ela não é incompatível com outras normas. Nesse sentido, nem todas as normas produzidas por fontes autorizadas seriam normas válidas, mas somente aquelas que fossem compatíveis com as outras. Trata-se de saber, por outro lado, se esse princípio que exclui a incompatibilidade existe e qual é a sua função.

# 3. As antinomias

A situação das normas incompatíveis entre si é uma tradicional dificuldade diante da qual se encontraram os juristas de todos os tempos e recebeu uma denominação característica: *antinomia*. A tese de que um ordenamento jurídico constitui um sistema no terceiro sentido descrito pode-se exprimir ainda dizendo que *o direito não tolera antinomias*. Na nossa tradição romanística, o problema das antinomias já foi posto com a máxima clareza nas duas célebres Constituições de Justiniano com as quais se abre o *Digesto*: aqui Justiniano afirma imperiosamente que no *Digesto* não há normas incompatíveis e usa a palavra "antinomia". *"Nulla itaque in omnibus praedicti codicis membris antinomia (sic enim a vetustate Graeco vocabulo noncupatur) aliquid sibi vindicet locum, sed sit una concordia, una consequentia, adversario nemine constitut"* (*Deo auctore*, ou *De conceptione digestorum*). Analogamente: *"Contrarium autem aliquid in hoc codice positum nullum sibi locum vindicabit nec invenitur, si quis subtili animo diversitatis rationes excutiet"* (*Tanta*, ou *De confirmatione digestorum*). Que no direito romano, considerado por longos séculos o direito por excelência, não houvesse antinomias foi cânone constante para os intérpretes, pelo menos enquanto o direito romano foi direito vigente. Um dos objetivos da interpretação jurídica era também o de eliminar as antinomias, caso qualquer uma surgisse, recorrendo aos mais diversos meios hermenêuticos.

Nessa obra de resolução das antinomias, foram elaboradas algumas regras técnicas que veremos em seguida.

Mas antes nós temos que responder à pergunta: quando duas normas podem-se dizer incompatíveis? Em que consiste uma antinomia jurídica? Para esclarecer esse ponto, recordamos o que dissemos anteriormente sobre as relações intercorrentes entre as quatro figuras de codificação normativa: o *mandado*, o *proibido*, o *permitido positivo* e o *permitido negativo*. Reportamo-nos, por comodidade, ao quadrado ilustrativo dessas relações:

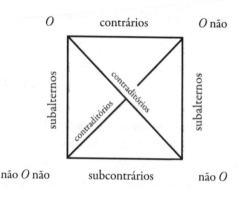

O = obrigatório        não O = permitido negativo
O não = proibido       não O não = permitido positivo

Esse quadrado representa seis relações, vale dizer:

1) *O – O não:* relação entre obrigação e proibição;
2) *O – não O:* relação entre obrigação e permissão negativa;
3) *O não – não O não:* relação entre proibição e permissão positiva;
4) *O – não O não:* relação entre obrigação e permissão positiva;
5) *O não – não O:* relação entre proibição e permissão negativa;
6) *não O não – não O:* relação entre permissão positiva e permissão negativa.

Se definirmos como incompatíveis duas proposições (no nosso caso duas normas) *que não podem ser ambas verdadeiras*, das seis relações indicadas, três são de incompatibilidade e três, de compatibilidade. São relações de incompatibilidade as três primeiras; são relações de compatibilidade as três últimas. De fato:

## CAPÍTULO 3 – A COERÊNCIA DO ORDENAMENTO JURÍDICO | 87

a) *O* e *O não* são dois contrários, e dois contrários podem sim ser ambos falsos (F), mas não podem ser ambos verdadeiros (V):

| O | O não |
|---|-------|
| V | F |
| F | V ou F |

b) *O* e *não O* são dois contraditórios, e dois contraditórios não podem ser nem ambos verdadeiros nem ambos falsos:

| O | não O |
|---|-------|
| V | F |
| F | V |

c) *O não* e *não O não* são também dois contraditórios, e vale aqui, portanto, a regra precedente:

| O não | não O não |
|-------|-----------|
| V | F |
| F | V |

d) *O* e *não O não* são dois subalternos, entre os quais existe uma relação de implicação, no sentido de que da verdade do primeiro (o subalternante) se deduz a verdade do segundo, e não vice-versa, e da falsidade do segundo (o subalternado) se deduz a falsidade do primeiro, e não vice-versa. (Se uma ação é obrigatória, é necessariamente também permitida, enquanto não se pode dizer que uma ação permitida seja obrigatória). Graficamente, distinguindo a relação que vai de *O* a *não O não* (ou relação de superimplicação) daquela que vai de *não O não* a *O* (ou relação de subimplicação):

| O | não O não |
|---|-----------|
| V | V |
| F | F ou V |

| não O não | O |
|-----------|---|
| V | V ou F |
| F | F |

e) *O não* e *não O* são também subalternos, e valem, portanto, as considerações do item precedente.

f) *não O não* e *não O* são subcontrários, e vale para eles a regra de que podem ser ambos verdadeiros, mas não podem ser ambos falsos:

| não O não | não O |
|:---:|:---:|
| F | V |
| V | V ou F |

Se observarmos atentamente as representações gráficas, resulta que nos primeiros três casos não se tem jamais a situação na qual se encontram lado a lado dois V (o que significa que em nenhum dos primeiros três casos as duas proposições podem ser ambas verdadeiras); e, ao contrário, nos últimos três casos podem-se encontrar lado a lado dois V (o que significa que em todos os três casos as duas proposições podem ser ambas verdadeiras). Repetimos, portanto, que, se definimos as normas incompatíveis como as que não podem ser ambas verdadeiras, relações de incompatibilidade normativa se verificam nos três casos:

1) entre uma norma que *manda* fazer algo e uma que *proíbe* fazê-lo (*contrariedade*);

2) entre uma norma que *manda* fazer e uma que *permite* não fazer (*contraditoriedade*);

3) entre uma norma que *proíbe* fazer e uma que *permite* fazer (*contraditoriedade*).

Ilustramos esses três casos com três exemplos:[3]

a) *Primeiro caso:* o art. 27 da Constituição italiana, no qual se lê: "A responsabilidade penal é pessoal", está em conflito com o art. 57, § 2º, do Código Penal italiano, que atribui ao diretor do jornal responsabilidade pelos delitos de imprensa cometidos por seus colaboradores, se se interpreta esse artigo como configurador de uma responsabilidade objetiva (mas se pode interpretar também

---

3. Extraio esses exemplos e outras indicações neste capítulo do livro de Cavazzi (1959).

de outros modos que escamoteiem a antinomia). Trata-se de dois artigos dirigidos aos órgãos judiciários, dos quais o primeiro pode ser formulado do seguinte modo: "Os juízes *não devem* condenar ninguém que não seja pessoalmente responsável"; o segundo, do modo oposto: "Os juízes *devem* condenar alguém (no caso específico, o diretor do jornal), ainda que não seja pessoalmente responsável". Uma vez que uma norma obriga e a outra proíbe o mesmo comportamento, trata-se de duas normas incompatíveis por contrariedade.

b) *Segundo caso:* o art. 18 da Consolidação das Leis sobre a Segurança Pública diz: "Os promotores de uma reunião em lugar público ou aberto ao público devem comunicá-la, ao menos três dias antes, ao delegado"; o art. 17, § 2º, da Constituição, diz: "Para as reuniões, ainda que em local aberto ao público, não é necessário pré-aviso". Aqui, o conflito é claro: o art. 18 da Consolidação obriga a fazer aquilo que o art. 17 da Constituição permite que não seja feito. Trata-se de duas normas incompatíveis porque são contraditórias.

c) *Terceiro caso:* o art. 502 do Código Penal italiano considera a greve um crime; o art. 40 da Constituição diz que "O direito de greve se exerce no âmbito das leis que o regulam". O que a primeira norma proíbe, a segunda norma considera lícito, isto é, permite fazer (mesmo que dentro de certos limites). Também essas duas normas são incompatíveis por contraditoriedade.

## 4. Vários tipos de antinomias

Definimos antinomia como a situação na qual são positivadas duas normas, das quais uma obriga e outra proíbe, ou uma obriga e outra permite, ou uma proíbe e outra permite o mesmo comportamento. Mas a definição não é completa. Para que ocorra a antinomia, são necessárias duas condições que, porquanto óbvias, devem, contudo, ser explicitadas:

90 | TEORIA DO ORDENAMENTO JURÍDICO

1) As duas normas devem pertencer ao mesmo ordenamento. O problema de uma antinomia entre duas normas pertencentes a ordenamentos diferentes nasce quando esses ordenamentos não são independentes entre si, mas existe alguma relação entre eles que pode ser de coordenação ou de subordinação. Veremos melhor a natureza desse problema no último capítulo, dedicado exatamente às relações entre os ordenamentos. Aqui, basta acenar à tradicional discussão em torno da compatibilidade das normas de um ordenamento positivo com aquelas do direito natural. Um verdadeiro problema de antinomias entre direito positivo e direito natural (isto é, entre dois ordenamentos diferentes) subsiste, na medida em que se considere o direito positivo como ordenamento subordinado ao direito natural: neste caso, o intérprete terá que eliminar não apenas as antinomias no interior do ordenamento positivo, mas também as que subsistem entre o ordenamento positivo e o ordenamento natural. Falamos até agora do ordenamento jurídico como sistema. Mas nada exclui que o sistema resulte da ligação de vários ordenamentos em um ordenamento mais geral. A mesma passagem da norma inferior para a norma superior, que constatamos no interior de um ordenamento isolado, pode ocorrer de um ordenamento inferior para o ordenamento superior até chegar a um ordenamento supremo que a todos abrange (ao direito natural se atribui de hábito a função dessa coordenação universal de todo o direito);

2) As duas normas devem ter o mesmo âmbito de validade. Distinguem-se quatro âmbitos de validade de uma norma: *temporal, espacial, pessoal, material*. Não constituem antinomia duas normas que não coincidam a respeito de:

a) validade temporal: "É proibido fumar das cinco às sete" não é incompatível com "É permitido fumar das sete às nove";

b) validade espacial: "É proibido fumar na sala cinematográfica" não é incompatível com "É permitido fumar na sala de espera";

c) validade pessoal: "É proibido aos menores de 18 anos fumar" não é incompatível com "É permitido aos adultos fumar";

d) validade material: "É proibido fumar charutos" não é incompatível com "É permitido fumar cigarros."

Depois desses esclarecimentos, podemos redefinir a antinomia jurídica como a situação que se verifica entre duas normas incompatíveis, pertencentes ao mesmo ordenamento e com o mesmo âmbito de validade. As antinomias assim definidas podem, por sua vez, ser divididas em três tipos diferentes, de acordo com a maior ou menor extensão do conflito entre as duas normas.

1) Se duas normas incompatíveis têm *o mesmo* âmbito de validade, a antinomia pode-se chamar, seguindo a terminologia de Ross (1958, p. 128-9), que chamou a atenção sobre essa distinção, *total-total*: em nenhum caso uma das duas normas pode ser aplicada sem entrar em conflito com a outra.

*Exemplo:* "É proibido aos adultos fumar, das cinco às sete, na sala cinematográfica" e "É permitido aos adultos fumar, das cinco às sete, na sala cinematográfica". Entre os exemplos dados anteriormente, é um caso de antinomia total-total o conflito entre a proibição de greve e a permissão de greve.

2) Se duas normas incompatíveis têm âmbito de validade *em parte igual e em parte diferente*, a antinomia subsiste somente em relação à parte que elas têm em comum e se pode chamar *parcial-parcial*: cada uma das normas tem um campo de aplicação conflitante com a outra e um campo de aplicação no qual o conflito não existe.

*Exemplo:* "É proibido aos adultos fumar cachimbo e charuto, das cinco às sete, na sala cinematográfica" e "É permitido aos adultos fumar charuto e cigarro, das cinco às sete, na sala cinematográfica".

3) Se, de duas normas incompatíveis, uma tem o âmbito de validade igual ao da outra, porém mais restrito, ou, em outras palavras, o seu âmbito de validade é em parte igual, mas não, também em parte, diferente em relação à outra, a antinomia é total da parte da primeira norma em relação à segunda, e somente parcial da parte da segunda em relação à primeira, e se pode chamá-la *total-parcial*. A

## 92 | TEORIA DO ORDENAMENTO JURÍDICO

primeira norma não pode ser de forma alguma aplicada sem entrar em conflito com a segunda; a segunda tem uma esfera de aplicação na qual não entra em conflito com a primeira.

*Exemplo:* "É proibido aos adultos fumar na sala cinematográfica das cinco às sete" e "É permitido aos adultos fumar apenas cigarro na sala cinematográfica das cinco às sete".

Ao lado do significado aqui descrito de antinomia como situação produzida pelo encontro de duas normas incompatíveis, fala-se, em linguagem jurídica, de antinomia com referência ainda a outras situações. Limitamo-nos aqui a elencar outros significados de antinomia, tendo presente, porém, que o problema clássico das antinomias jurídicas é aquele até aqui mostrado. Assim, para distingui-las, chamá-las-emos de *antinomias impróprias*.[4] Fala-se de antinomia no direito em referência ao fato de que um ordenamento jurídico pode ser inspirado em valores contrapostos (ou ideologias opostas): consideram-se, por exemplo, os valores da liberdade e da segurança como valores antinômicos, no sentido de que a garantia da liberdade geralmente prejudica a da segurança, e a garantia da segurança tende a restringir a liberdade; em consequência, diz-se que um ordenamento que se inspire em ambos os valores repousa sobre princípios antinômicos. Nesse caso, pode-se falar de *antinomias de princípio*. As antinomias de princípio não são propriamente antinomias jurídicas, mas podem gerar normas incompatíveis. É lícito supor que uma fonte de normas incompatíveis possa ser o fato de que o ordenamento seja minado por antinomias de princípio. Uma outra acepção de antinomia é a chamada *antinomia de valoração*, que se verifica no caso em que uma norma puna um delito menor com uma pena mais grave que aquela infligida a um delito maior. É claro que nesse caso não existe uma antinomia em sentido próprio, porque as duas normas, a que pune o delito mais grave com pena menor e a que pune o delito menos grave com pena maior, são perfeitamente compatíveis. Não se deve falar de antinomia nesse caso, mas de injustiça. O que antinomia e injustiça têm em comum é que ambas geram uma situação que requer correção, mas a razão pela qual se corrige uma antinomia

---

4. Extraio este elenco do amplo estudo de K. Engisch.

CAPÍTULO 3 – A COERÊNCIA DO ORDENAMENTO JURÍDICO | 93

é diferente daquela pela qual se corrige a injustiça. A antinomia produz *incerteza*; a injustiça produz *desigualdade*, e, portanto, a correção obedece, nos dois casos, a dois valores diferentes, em um caso, ao valor da ordem, no outro, ao da igualdade. Uma terceira acepção de antinomia se refere às chamadas *antinomias teleológicas*, que ocorrem quando existe um conflito entre a norma que prescreve o meio para atingir o fim e a que prescreve o fim, de forma que, se aplico a norma que prevê o meio, não posso atingir o fim, e vice-versa. Aqui o conflito nasce, o mais das vezes, da insuficiência do meio: mas, então, trata-se mais que de antinomia, trata-se de *lacuna* (e das lacunas falaremos amplamente no capítulo IV).

## 5. Critérios para a solução das antinomias

Devido à tendência de cada ordenamento jurídico se constituir em sistema, a presença de antinomias em sentido próprio é um defeito que o intérprete tende a eliminar. Como "antinomia" significa o encontro de duas proposições incompatíveis, que não podem ser ambas verdadeiras, e, em referência a um sistema normativo, o encontro de duas normas que não podem ser ambas aplicadas, a eliminação do inconveniente só poderá consistir na eliminação de uma das duas normas (no caso de normas contrárias, também na eliminação das duas). Mas qual das duas normas deve ser eliminada? Aqui está o problema mais grave das antinomias. O que dissemos na seção 3 refere-se às regras para estabelecer quando nos encontramos frente a uma antinomia. Mas uma coisa é descobrir a antinomia, outra, resolvê-la. As regras vistas até agora nos servem para saber que duas normas são incompatíveis, mas nada nos dizem sobre qual das duas deve ser conservada ou eliminada. É necessário passar da *determinação* das antinomias à *solução* das antinomias.

No curso de sua secular obra de interpretação das leis, a jurisprudência elaborou algumas regras para a solução das antinomias, que são comumente aceitas. Por outro lado, é necessário acrescentar logo que essas regras não

94 | TEORIA DO ORDENAMENTO JURÍDICO

servem para resolver todos os casos possíveis de antinomia. Daqui deriva a necessidade de introduzir uma nova distinção no âmbito das antinomias próprias, isto é, a distinção entre as *antinomias solúveis* e as *antinomias insolúveis*. As razões pelas quais nem todas as antinomias são solúveis são duas:

1) há casos de antinomias aos quais não se pode aplicar nenhuma das regras pensadas para a solução das antinomias;
2) há casos em que se podem aplicar ao mesmo tempo duas ou mais regras em conflito entre si.

Chamamos as antinomias solúveis de *aparentes*; chamamos as insolúveis de *reais*. Diremos, portanto, que as antinomias reais são aquelas em que o intérprete é abandonado a si mesmo ou pela falta de um critério ou por conflito entre os critérios dados (a elas dedicaremos as duas seções seguintes).

As regras fundamentais para a solução das antinomias são três:

a) o critério cronológico;
b) o critério hierárquico;
c) o critério da especialidade.

O critério cronológico, chamado também de *lex posterior*, é aquele com base no qual, entre duas normas incompatíveis, prevalece a norma posterior: *lex posterior derogat priori*. Esse critério não necessita de comentário particular. Existe uma regra geral no direito segundo a qual a vontade posterior revoga a precedente e que, de dois atos de vontade da mesma pessoa, vale o último no tempo. Imagine-se a lei como expressão da vontade do legislador e não haverá dificuldade em justificar a regra. A regra contrária obstaria o progresso jurídico, a adaptação gradual do direito às exigências sociais. Pensemos, por absurdo, nas consequências que derivariam da regra que prescrevesse ater-se à norma precedente. Além disso, presume-se que o legislador não queira fazer coisa inútil e sem finalidade: se devesse prevalecer a norma precedente, a lei sucessiva seria um ato inútil e sem finalidade. No ordenamento positivo italiano, o princípio da *lex posterior* é claramente enumerado pelo art. 15 das Disposições Preliminares, nas quais, entre as causas de ab-rogação, enumera-se também a que deriva da formulação de

CAPÍTULO 3 – A COERÊNCIA DO ORDENAMENTO JURÍDICO | 95

uma lei *incompatível* com uma lei precedente. Textualmente: "As leis não são revogadas a não ser [...] *por incompatibilidade entre as novas disposições e as precedentes*".

O critério hierárquico, chamado também de *lex superior*, é aquele pelo qual, entre duas normas incompatíveis, prevalece a hierarquicamente superior: *lex superior derogat inferiori*. Não temos dificuldade em compreender a razão desse critério depois que vimos, no capítulo precedente, que as normas de um ordenamento são colocadas em planos diferentes: são colocadas em ordem hierárquica. Uma das consequências da hierarquia normativa é justamente esta: as normas superiores podem revogar as inferiores, mas as inferiores não podem revogar as superiores. A inferioridade de uma norma em relação a outra consiste na menor força de seu poder normativo; essa menor força se manifesta justamente na incapacidade de estabelecer uma regulamentação que esteja em oposição à regulamentação de uma norma hierarquicamente superior.

No ordenamento italiano, o princípio da hierarquia entre normas está expresso de várias maneiras. A superioridade das normas constitucionais sobre as ordinárias é sancionada pelo art. 134 da Constituição; a das leis ordinárias sobre os regulamentos, pelo art. 4º das Disposições Preliminares ("Os regulamentos não podem conter normas contrárias às disposições das leis"); a das leis ordinárias sobre as sentenças do juiz, pelo art. 360 do Código de Processo Civil, que estabelece os motivos de impugnação de uma sentença, entre os quais a "violação ou falsa aplicação de normas de direito"; finalmente, a superioridade das leis ordinárias sobre os atos da autonomia privada, pelo art. 1.343 do Código Civil, que considera como causa ilícita de um contrato o fato de que seja contrário "a normas imperativas".

Um problema mais complexo surge para a relação entre lei e costume. No ordenamento italiano, o costume é uma fonte hierarquicamente inferior à lei. No art. 1º das Disposições Preliminares, o costume ocupa, na enumeração das fontes, o terceiro lugar (vem depois das leis e dos regulamentos). Do art. 8º resulta que os usos "nas matérias reguladas pelas leis e pelos regulamentos [...] têm eficácia somente na medida em que são por eles reclamados". Do fato de que o costume seja hierarquicamente in-

## 96 | TEORIA DO ORDENAMENTO JURÍDICO

ferior à lei deriva que entre duas normas incompatíveis, das quais uma é consuetudinária, prevalece a legislativa. Com expressão mais corrente, diz-se que o costume vale *secundum* e *praeter legem* (conforme e além da lei), mas não vale *contra legem*. Em outras palavras, nos ordenamentos em que o costume é inferior à lei, não vale o costume ab-rogativo; a lei não pode ser revogada por um costume contrário. Mas esse princípio não vale em todos os ordenamentos. Há ordenamentos, mais primitivos, menos centralizados, nos quais leis e costumes são fontes de mesmo grau. Em caso de conflito entre lei e costume, o que acontece? Evidentemente não se pode aplicar o critério hierárquico. Aplicar-se-á então o critério cronológico, com a consequência de que a lei sucessiva ab-roga o costume precedente e vice-versa. Um ordenamento em que o costume tem maior força nos ordenamentos estatais modernos é, por exemplo, o direito canônico. O "cânone" 27 apresenta três casos:

a) um costume contrário ao direito divino e natural: *não prevalece*;

b) um costume contrário ao direito eclesiástico: *prevalece*, sob a condição de que seja *rationabilis* (razoável) e tenha tido uma duração de quarenta anos;

c) um costume contrário a uma lei humana eclesiástica que exclua a validade de qualquer futuro costume: *prevalece*, sob a condição de que tenha tido uma duração de pelo menos cem anos ou seja de data desconhecida.

Como se vê, no direito canônico, o costume ab-rogativo, embora dentro de certos limites, é admitido. Como dizíamos, o caso do relacionamento entre lei e costume é mais complexo porque não pode receber uma resposta geral: alguns ordenamentos consideram o costume inferior à lei, e então, no caso de antinomia, aplica-se o critério da *lex superior*; outros ordenamentos consideram a lei e o costume no mesmo plano, e então torna-se necessário aplicar outros critérios. Em geral, a preponderância da lei é o fruto da formação do Estado moderno com poder fortemente centralizado. No antigo direito romano, no direito inglês, na sociedade medieval, o costume era fonte primária superior à própria lei: a lei contrária ao costume era admitida mediante uma aplicação do terceiro critério, sendo considerada como *lex specialis*.

O terceiro critério, dito justamente da *lex specialis*, é aquele pelo qual, de duas normas incompatíveis, uma geral e uma especial (ou excepcional), prevalece a segunda: *lex specialis derogat generali*. Também aqui a razão do critério não é obscura: lei especial é a que anula uma lei mais geral ou subtrai de uma norma uma parte da sua matéria para submetê-la a uma regulamentação diferente (contrária ou contraditória). A passagem de uma regra mais extensa (que abrange um certo *genus*) para uma regra derrogatória menos extensa (que abrange uma *species* do *genus*) corresponde a uma exigência fundamental de justiça, compreendida como tratamento igual das pessoas que pertencem à mesma categoria. A passagem da regra geral à regra especial corresponde a um processo natural de diferenciação das categorias e a uma descoberta gradual, por parte do legislador, dessa diferenciação. Verificada ou descoberta a diferenciação, a persistência na regra geral importaria no tratamento igual de pessoas que pertencem a categorias diferentes, e, portanto, em uma injustiça. Nesse processo de gradual especialização, operado por meio de leis especiais, encontramos uma das regras fundamentais da justiça, que é a do *suum cuique tribuere* (dar a cada um o que é seu). Entende-se, portanto, por que a lei especial deve prevalecer sobre a geral: ela representa um momento inelimínável do desenvolvimento de um ordenamento. Bloquear a lei especial frente à geral significaria paralisar esse desenvolvimento. No direito italiano, este critério de especialidade encontra-se, por exemplo, enunciado no art. 15 do Código Penal: "Quando algumas leis penais ou algumas disposições da mesma lei penal regulam a mesma matéria, a lei ou disposição da lei especial anula a lei ou a disposição da lei geral, salvo se estabelecido de outra forma".

A situação antinômica, criada pelo relacionamento entre uma lei geral e uma lei especial, é a que corresponde ao tipo de antinomia *total-parcial*. Isso significa que, quando se aplica o critério *da lex specialis*, não acontece a eliminação total de uma das duas normas incompatíveis, mas somente da parte da lei geral que é incompatível com a lei especial. Por efeito da lei especial, a lei geral caduca *parcialmente*. Quando se aplica o critério cronológico ou o hierárquico, tem-se geralmente a eliminação total de uma das duas normas. Diferentemente da relação cronológica e da hierárquica, que não suscitam necessariamente situações antinômicas, a relação de especialidade

98 | TEORIA DO ORDENAMENTO JURÍDICO

é necessariamente antinômica. Isso que significa que os dois primeiros critérios aplicam-se *quando* surge uma antinomia; o terceiro se aplica *porque* existe uma antinomia.

# 6. Insuficiência dos critérios

O critério cronológico é útil quando duas normas incompatíveis são sucessivas; o critério hierárquico é útil quando duas normas incompatíveis estão em nível diverso; o critério de especialidade é útil no choque de uma norma geral com uma norma especial. Mas pode ocorrer antinomia entre duas normas:

1) *contemporâneas*;
2) *do mesmo nível*;
3) *ambas gerais*.

Entende-se que, nesse caso, os três critérios não ajudam mais. E o caso é mais frequente do que se possa imaginar. Corresponde à situação de duas normas gerais incompatíveis que se encontrem no mesmo código. Se em um código há antinomias do tipo *total-total* e *parcial-parcial* (com exclusão do tipo total-parcial, que cai sob o critério da especialidade), tais antinomias não são solucionáveis com nenhum dos três critérios; não com o cronológico, porque as normas de um código são estabelecidas ao mesmo tempo; não com o hierárquico, porque são todas leis ordinárias; não com o critério da especialidade, porque este resolve somente o caso de antinomia total-parcial.

*Quid faciendum?* Existe um quarto critério que permite resolver as antinomias deste tipo? Aqui, por "existe", entendemos um critério "válido", isto é, um critério que seja reconhecido legítimo pelo intérprete, quer por sua razoabilidade, quer pelo longo e incontrastado uso. Devemos responder que não. O único critério, do qual se encontram referências em velhos tratadistas (mas não mais o encontrei mencionado nos tratados modernos, e de qualquer forma seria necessário procurar uma confirmação em uma paciente análise das decisões dos magistrados), é o tirado da forma da norma.

CAPÍTULO 3 – A COERÊNCIA DO ORDENAMENTO JURÍDICO | 99

Segundo a forma, as normas podem ser, como várias vezes já vimos, *imperativas*,[5] *proibitivas* e *permissivas*. O critério é certamente aplicável, porque é claro que duas normas incompatíveis são diferentes quanto à forma: se uma é imperativa, a outra é ou proibitiva ou permissiva, e assim por diante. Não se segue, porém, que seja justo e que seja constantemente seguido pelos juristas.

O critério relativo à forma consistiria em estabelecer uma graduação de prevalência entre as três formas da norma jurídica, por exemplo, deste modo: se de duas normas incompatíveis uma é imperativa ou proibitiva e a outra é permissiva, prevalece a permissiva. Esse critério parece razoável e correspondente a um dos cânones interpretativos mais constantemente seguidos pelos juristas, que é o de dar preponderância, em caso de ambiguidade ou incerteza na interpretação de um texto, à interpretação *favorabilis* sobre a *odiosa*. Em linha geral, caso se entenda por *lex favorabilis* a que concede uma liberdade (ou faculdade, ou direito subjetivo) e por *lex odiosa* a que impõe uma obrigação (seguida por uma sanção), não há dúvida de que uma *lex permissiva* é *favorabilis* e uma *lex imperativa* é *odiosa*. O cânone, por outro lado, é muito menos evidente do que possa parecer pela simples razão de que a norma jurídica é bilateral, quer dizer, ao mesmo tempo atribui um direito a uma pessoa e impõe uma obrigação (positiva ou negativa) a outra, donde resulta que a interpretação a favor de um sujeito é ao mesmo tempo odiosa para o sujeito em relação jurídica com o primeiro, e vice-versa. Em outras palavras, se interpreto uma norma da maneira mais favorável para o devedor, fazendo prevalecer, em caso de ambiguidade ou de conflito, a interpretação que lhe reconhece um certo direito em lugar da que lhe imporia uma certa obrigação, minha interpretação é odiosa em relação ao credor. Daqui deriva a ambiguidade do cânone denunciado. O problema real frente ao qual se encontra o intérprete não é o de fazer prevalecer a norma permissiva sobre a imperativa ou vice-versa, mas sim o de qual dos dois sujeitos da relação jurídica é mais justo proteger, isto é, qual dos dois interesses em conflito é justo fazer prevalecer, mas nessa decisão a diferença formal entre as normas não lhe oferece a mínima ajuda.

---

5.    Aqui entendemos "imperativo" no sentido estrito, em referência exclusiva aos imperativos positivos.

## 100 | TEORIA DO ORDENAMENTO JURÍDICO

No conflito entre duas normas incompatíveis, há, em relação à forma das normas, um outro caso: aquele em que uma das duas normas é imperativa e a outra proibitiva. Aqui uma solução poderia ser deduzida da consideração de que, enquanto no primeiro caso, já exemplificado, trata-se de um conflito entre duas *normas contraditórias*, com respeito às quais *tertium non datur* (ou se aplica uma ou se aplica a outra), no segundo caso trata-se de um conflito entre duas *normas contrárias*, as quais se excluem, sim, uma à outra, mas não excluem uma terceira solução, no sentido, já exposto, segundo o qual duas proposições contrárias não podem ser ambas verdadeiras, mas podem ser ambas falsas. No conflito entre obrigação positiva e obrigação negativa, o *tertium* é a permissão. Pode-se então considerar bastante fundada a regra de que, no caso de duas normas contrárias, isto é, entre uma norma que obriga a fazer algo e uma norma que proíbe fazer a mesma coisa, essas duas normas anulam-se reciprocamente e, portanto, o comportamento, em vez de ser ordenado ou proibido, se considera permitido ou lícito.

Devemos, porém, reconhecer que essas regras deduzidas da forma da norma não têm a mesma legitimidade daquelas deduzidas dos três critérios examinados na seção precedente. Isso significa, em outras palavras, que, no caso de um conflito no qual não se possa aplicar nenhum dos três critérios, a solução do conflito é confiada à liberdade do intérprete; poderíamos quase falar de um autêntico poder discricionário do intérprete, ao qual cabe resolver o conflito segundo a oportunidade, valendo-se de todas as técnicas hermenêuticas usadas pelos juristas por uma longa e consolidada tradição, e não se limitando a aplicar uma só regra. Digamos, então, de uma maneira mais geral que, no caso de conflito entre duas normas, para o qual não valha o critério cronológico, o hierárquico ou o da especialidade, o intérprete, seja ele o juiz ou o jurista, tem à sua frente três possibilidades:

1) eliminar uma;
2) eliminar as duas;
3) conservar as duas.

No primeiro caso, a operação feita pelo juiz ou pelo jurista chama-se *interpretação ab-rogante*. Mas trata-se, na verdade, de ab-rogação em sentido impróprio, porque, se a interpretação é feita pelo jurista, ele não tem

CAPÍTULO 3 – A COERÊNCIA DO ORDENAMENTO JURÍDICO | 101

o poder normativo e, portanto, não tem nem poder ab-rogativo (o jurista sugere soluções aos juízes e eventualmente também ao legislador); se a interpretação é feita pelo juiz, este em geral (nos ordenamentos estatais modernos) tem o poder de não aplicar a norma que considerar incompatível no caso concreto, mas não o de expeli-la do sistema (de ab-rogá-la), mesmo porque o juiz posterior, tendo que julgar o mesmo caso, poderia dar ao conflito de normas uma solução oposta e aplicar precisamente a norma que o juiz precedente havia eliminado. Não é muito fácil encontrar exemplos de interpretação ab-rogante. No Código Civil italiano, um exemplo de normas consideradas *manifestamente* em oposição está no artigo 1.813 e no artigo 1.822. O artigo 1.813 define mútuo como um contrato real: "O mútuo é o contrato pelo qual uma parte *entrega* à outra uma determinada quantidade de dinheiro etc."; o artigo 1.822 disciplina a promessa de mútuo: "Quem prometeu dar em mútuo pode recusar o cumprimento de sua obrigação etc.". Mas o que caracteriza a admissão da obrigatoriedade da promessa de mútuo senão a admissão, com outro nome, do mútuo como contrato consensual? O mútuo, afinal, é um contrato real, como diz claramente o primeiro artigo, ou um contrato consensual, como deixa entender, mesmo sem dizê-lo explicitamente, o segundo artigo? O intérprete que respondesse afirmativamente à segunda pergunta acabaria por considerar inexistente a primeira norma, ou seja, operaria uma ab-rogação interpretativa.

O segundo caso – eliminação de ambas as normas em conflito – pode verificar-se, como vimos, somente quando a oposição entre as duas normas seja não de contradição, mas de contrariedade. Poder-se-ia ver um exemplo, mesmo que um pouco forçado, na dúvida a que pode dar lugar a interpretação do artigo 602 do Código Civil, com respeito à colocação da data no testamento holográfico antes ou depois da assinatura. Da primeira alínea, "o testamento holográfico deve ser escrito por inteiro, *datado* e assinado pela mão do testador", poder-se-ia deduzir que a data deve ser colocada no fim das disposições. Da segunda alínea, "a subscrição deve ser posta no fim das disposições", ao contrário, poder-se-ia tirar a conclusão de que a data, não sendo uma disposição, deve ser colocada depois da subscrição. Na dúvida entre a obrigação e a proibição de colocar a data antes da assinatura, o intérprete poderia ser induzido a considerar que as duas normas contrárias se excluem

# 102 | TEORIA DO ORDENAMENTO JURÍDICO

uma à outra e a considerar que seja lícito colocar a data tanto antes quanto depois da assinatura. Também nesse caso pode-se falar de interpretação ab-rogante, mesmo que, como no caso precedente, de maneira imprópria. Mas, diferentemente do caso de duas disposições contraditórias, das quais uma elimina a outra e uma das duas não pode deixar de permanecer, aqui, tratando-se de duas disposições contrárias, *eliminam-se uma à outra e não permanece nenhuma das duas*. Trata-se, como todos podem ver, de uma *dupla ab-rogação*, enquanto no primeiro caso tem-se uma *ab-rogação simples*.

A terceira solução – conservar as duas normas incompatíveis – é talvez aquela à qual o intérprete recorre mais frequentemente. Mas como é possível conservar duas normas incompatíveis, se por definição duas normas incompatíveis não podem coexistir? É possível sob uma condição: demonstrar que não são incompatíveis, que a incompatibilidade é puramente aparente, que a pressuposta incompatibilidade deriva de uma interpretação ruim, unilateral, incompleta ou errada de uma das duas normas ou de ambas. Aquilo a que tende o intérprete comumente não é mais a eliminação das normas incompatíveis, mas, preferentemente, a *eliminação da incompatibilidade*. Às vezes, para chegar ao objetivo, introduz alguma leve ou parcial modificação no texto; e nesse caso, tem-se aquela forma de interpretação chamada *corretiva*. Geralmente, a interpretação corretiva é aquela forma de interpretação que pretende conciliar duas normas aparentemente incompatíveis para conservá-las ambas no sistema, ou seja, para evitar o remédio extremo da ab-rogação. Entende-se que, na medida em que a correção introduzida modifica o texto original da norma, também a interpretação corretiva é ab-rogante, se bem que limitada à parte da norma corrigida. Mais do que contrapor a interpretação corretiva à ab-rogante, dever-se-ia considerar a primeira como uma forma atenuada da segunda, no sentido de que, enquanto a interpretação ab-rogante tem por efeito a eliminação *total* de uma norma (ou até de duas normas), a interpretação corretiva tem por efeito a eliminação puramente *parcial* de uma norma (ou de duas). Para dar um exemplo dessa forma de interpretação, referimo-nos ao caso, já exposto, de antinomia entre o artigo 57 do Código Penal italiano sobre a responsabilidade (objetiva) do diretor de jornal e o artigo 27 da

CAPÍTULO 3 – A COERÊNCIA DO ORDENAMENTO JURÍDICO | 103

Constituição italiana, que exclui toda forma de responsabilidade que não seja pessoal. Há pelo menos duas interpretações do artigo 57 que eliminam a antinomia:

1) o diretor de jornal é *obrigado* a impedir os delitos dos seus colaboradores com base no artigo 40, 2ª alínea, do Código Penal, segundo o qual "não impedir um acontecimento, que se tem a obrigação de impedir, equivale a causá-lo"; se se admite essa obrigação, a sua condenação não depende da circunstância objetiva de sua função de diretor, mas do não cumprimento de uma obrigação e, portanto, da avaliação de uma responsabilidade subjetiva;

2) o diretor de jornal é *obrigado* a vigiar a atividade dos seus colaboradores, isto é, em última instância, a controlar todos os artigos que aparecem no jornal por ele dirigido; admitindo essa obrigação, a condenação pode ser justificada por meio do reconhecimento de uma *culpa in vigilando*, isto é, mais uma vez, de uma responsabilidade subjetiva. Mas é claro que as duas interpretações são possíveis somente se se introduz uma leve modificação no texto do artigo 57 do Código Penal, o qual diz que o diretor responde "como tal" pelo delito cometido. É claro que "como tal" significa "pelo único fato de ser diretor do jornal" e, portanto, independentemente de qualquer culpa. Será necessário, portanto, eliminar a expressão "como tal" se se quiser tornar esse artigo compatível com a precisa disposição da Constituição. A *conciliação* acontece por meio de uma *correção*.

Dissemos que o terceiro caminho é o mais usado pelos intérpretes. O jurista e o juiz tendem, tanto quanto possível, à *conservação das normas dadas*. É certamente uma regra tradicional da interpretação jurídica que o sistema deve ser obtido com a menor desordem, ou, em outras palavras, que a exigência do sistema não deve acarretar prejuízo ao princípio de autoridade, segundo o qual as normas existem pelo único fato de terem sido estabelecidas. Apresentamos um exemplo eloquente. Messineo (1957, p. 505 ss.) recentemente chamou o artigo 2.937, § 1º, do Código Civil italia-

104 | TEORIA DO ORDENAMENTO JURÍDICO

no de quebra-cabeça que "põe a dura prova as meninges do intérprete". O artigo diz que não pode renunciar à prescrição quem não pode dispor validamente do *direito*. Mas de qual direito se fala? A prescrição extintiva à qual se refere este artigo elimina um *dever*, não faz surgir um direito. Messineo mostra que o artigo deriva do artigo 2.108 do Código Civil italiano de 1865, no qual, não sendo distinta a disciplina da prescrição extintiva da disciplina da prescrição aquisitiva (usucapião), o caso da renúncia ao direito referia-se não mais à primeira, mas à segunda; e relativamente à segunda, era perfeitamente apropriado falar de direito do qual se possa dispor. No entanto, apesar da patente erroneidade da dicção, nosso autor acredita que o dever do intérprete seja o de dar a ela um sentido e, portanto, observa que se poderia entender a palavra "direito" no contexto do art. 2.937 como "direito à liberação da obrigação". E faz a esse propósito uma declaração de extremo interesse pelo valor paradigmático que assume em relação à atitude de respeito do intérprete ao legislador.

> É estrito dever do intérprete, antes de chegar à interpretação ab-rogante (pela qual, num primeiro momento, optaríamos), tentar qualquer saída para que a norma jurídica tenha um sentido. Há um direito à existência que não pode ser negado à norma, desde que ela veio à luz (MESSINEO, 1957, p. 516).

# 7. Conflito dos critérios

Dissemos no início da quinta seção que há antinomias insolúveis ao lado de antinomias solúveis e que as razões pelas quais existem antinomias insolúveis são duas: a inaplicabilidade dos critérios ou a aplicabilidade de dois ou mais critérios conflitantes. À primeira razão dedicamos a seção precedente; à segunda, dedicaremos a presente.

Vimos que os critérios tradicionalmente aceitos para a solução das antinomias são três: o cronológico, o hierárquico e o de especialidade. Pode

CAPÍTULO 3 – A COERÊNCIA DO ORDENAMENTO JURÍDICO | 105

acontecer que duas normas incompatíveis mantenham entre si uma relação em que se podem aplicar, concomitantemente, não apenas um, mas dois ou três critérios. Para exemplificar: uma norma constitucional e uma norma ordinária geralmente são formuladas em tempos diversos: entre essas duas normas existe ao mesmo tempo uma diferença hierárquica e uma cronológica. Se afinal, como frequentemente acontece, a norma constitucional é geral e a ordinária é especial, os critérios aplicáveis são precisamente três. Essa situação complexa não causa particular dificuldade quando as duas normas são colocadas de maneira que, qualquer que seja o critério que se queira aplicar, a solução não muda: por exemplo, se de duas normas incompatíveis, uma é superior e subsequente e a outra inferior e antecedente, tanto o critério hierárquico quanto o cronológico dão o mesmo resultado de fazer prevalecer a primeira. O mesmo acontece se a norma subsequente é especial em relação à precedente: ela prevalece seja com base no critério de especialidade, seja com base no critério cronológico. Os dois critérios se somam, e, uma vez que bastaria um só para dar a preponderância a uma das duas normas, diz-se que a norma preponderante prevalece a *fortiori*.

Mas a situação não é sempre tão simples. Coloquemos o caso em que duas normas se encontrem em uma relação tal que sejam aplicáveis dois critérios, mas a aplicação de um critério dê uma solução oposta à aplicação do outro. É claro que nesse caso não se podem aplicar concomitantemente dois critérios. É necessário dar preferência a um ou outro. Qual? Eis o problema. Para apresentar um exemplo fácil, basta pensar no caso de uma incompatibilidade entre norma constitucional anterior e norma ordinária posterior. É um caso em que são aplicáveis dois critérios, o hierárquico e o cronológico; mas, se for aplicado o primeiro, dá-se prevalência à primeira norma, se for aplicado o segundo, dá-se prevalência à segunda. Não se podem aplicar ao mesmo tempo os dois critérios: os dois critérios são incompatíveis. Aqui temos uma incompatibilidade de segundo grau: não se trata mais da incompatibilidade de que falamos até agora, entre normas, mas da incompatibilidade entre os critérios válidos para a solução da incompatibilidade entre as normas. Ao lado do conflito entre as normas, que gera o problema das antinomias, há o conflito dos critérios para a solução das antinomias, que gera uma antinomia de segundo grau. Essas antinomias de segundo grau são solúveis? A resposta afirmativa depende do fato de haver regras tradicionalmente admitidas para a solução do conflito dos critérios, assim como há regras admitidas para a solução dos conflitos entre normas. Trata-se, em outras palavras, de saber se existe um critério estável para a solução dos conflitos entre critérios — e qual seja. Não podemos dar uma resposta geral; temos que examinar, um por um, os casos de conflito entre critérios.

Sendo três os critérios (A, B, C), os conflitos entre critérios podem ser três: A com B, B com C, A com C.

1) *Conflito entre o critério hierárquico e o cronológico:* esse conflito tem lugar quando uma norma anterior-superior é antinômica em relação a uma norma posterior-inferior. O conflito consiste no fato de que, se se aplicar o critério hierárquico, prevalece a primeira, se se aplicar o critério cronológico, prevalece a segunda. O problema é: qual dos dois critérios tem preponderância sobre o outro? Aqui a resposta não é dúbia. O critério hierárquico prevalece sobre o cronológico, o que tem por efeito excluir a norma inferior, mesmo que posterior. Em outras palavras, pode-se dizer que o princípio *lex posterior derogat priori* não vale quando a *lex posterior* é hierarquicamente inferior à *lex prior.* Essa solução é bastante óbvia: se o critério cronológico devesse prevalecer sobre o hierárquico, o princípio mesmo da ordem hierárquica das normas tornar-se-ia vão, porque a norma superior perderia o poder, que lhe é próprio, de não ser ab-rogada pelas normas inferiores. O critério cronológico vale como critério de escolha entre duas normas colocadas no mesmo plano. Quando duas normas são colocadas em dois planos diferentes, o critério natural de escolha é o que nasce da própria diferença de planos.

2) *Conflito entre o critério de especialidade e o cronológico:* esse conflito tem lugar quando uma norma anterior-especial é incompatível com uma norma posterior-geral. Tem-se conflito porque, aplicando o critério de especialidade, dá-se preponderância à primeira norma; aplicando o critério cronológico, dá-se prevalência à segunda. Também aqui foi transmitida uma regra geral,

CAPÍTULO 3 – A COERÊNCIA DO ORDENAMENTO JURÍDICO | 107

que soa assim: *Lex posterior generalis non derogat priori speciali*. Com base nessa regra, o conflito entre critério de especialidade e critério cronológico deve ser resolvido em favor do primeiro: a lei geral sucessiva não elimina a lei especial precedente. O que leva a uma posterior exceção ao princípio *lex posterior derogat priori*: este princípio deixa de vigorar não só quando a *lex posterior* é *inferior*, mas também quando é *generalis* (e a *lex prior* é *specialis*). Esta regra, por outro lado, deve ser tomada com uma certa cautela e tem valor menos decisivo que o da regra anterior. Dir-se-ia que a *lex specialis* é menos forte que a *lex superior* e que, portanto, a sua vitória sobre a *lex posterior* é mais controvertida. Para fazer afirmações mais precisas nesse campo, seria necessário dispor de uma ampla casuística.

3) *Conflito entre o critério hierárquico e o de especialidade.* Nos dois casos precedentes, vimos o conflito destes dois critérios respectivamente com o critério cronológico, e constatamos que ambos os critérios são mais fortes que o cronológico. O caso mais interessante de conflito é, agora, o que se verifica quando entram em oposição não mais um dos dois critérios fortes com o critério fraco (o cronológico), mas os dois critérios fortes entre si. É o caso de uma norma superior-geral incompatível com uma norma inferior-especial. Se se aplica o critério hierárquico, prevalece a primeira; se se aplica o critério de especialidade, prevalece a segunda. Qual dos dois critérios se deve aplicar? Uma resposta segura é impossível. Não existe uma regra geral consolidada. A solução dependerá também neste caso, como no da falta dos critérios, do intérprete, o qual aplicará ora um, ora outro critério, segundo as circunstâncias. A gravidade do conflito deriva do fato de que estão em jogo dois valores fundamentais de todo ordenamento jurídico, o do respeito da ordem, que exige o respeito da hierarquia e, portanto, do critério da superioridade, e o da justiça, que exige a adaptação gradual do direito às necessidades sociais e, portanto, o respeito do critério de especialidade. Teoricamente, deveria prevalecer o critério hierárquico: se se admitisse o princípio de que uma lei ordinária especial pode derrogar os prin-

cípios constitucionais, que são normas generalíssimas, os princípios fundamentais de um ordenamento jurídico estariam destinados a se esvaziar rapidamente de qualquer conteúdo. Mas, na prática, a exigência de adaptar os princípios gerais de uma Constituição às sempre novas situações leva frequentemente a fazer triunfar a lei especial, mesmo que ordinária, sobre a constitucional, como quando a Corte Constitucional italiana decidiu que o artigo 3º, parágrafo 3º, da lei de 22 de dezembro de 1956, relativa à instituição do Ministério das Participações Estatais, que impunha às empresas de forte participação estatal deixarem de fazer parte das organizações sindicais dos outros empregadores, não era incompatível com o artigo 39 da Constituição, que afirma para qualquer um a liberdade sindical (e, portanto, a liberdade de participar da associação sindical de livre escolha). Nesse caso, o conflito era claramente entre uma lei superior-geral e uma lei inferior-especial, mas, com a exclusão da inconstitucionalidade, pronunciada pela Corte, foi dada a prevalência à segunda, não à primeira.

## 8. O dever da coerência

Todo o discurso defendido neste capítulo pressupõe que a incompatibilidade entre duas normas seja um mal a ser eliminado, e, portanto, pressupõe uma *regra de coerência*, que poderia ser formulada assim: "Em um ordenamento jurídico não *devem* existir antinomias". Mas essa regra é, por sua vez, uma regra jurídica? O dever de eliminar as antinomias é um dever jurídico? Poder-se-á dizer que uma regra assim pertence ao ordenamento jurídico, mesmo se não expressa? Existirão argumentos suficientes para considerar que em cada ordenamento esteja implícita a proibição das antinomias e que caiba ao intérprete somente torná-la explícita? Coloco por último essa pergunta porque se considera normalmente que a proibição das antinomias é uma regra do sistema, mas não se aprofunda a natureza, o alcance ou a eficácia.

CAPÍTULO 3 - A COERÊNCIA DO ORDENAMENTO JURÍDICO | 109

Uma regra que se refere às normas de um ordenamento jurídico, como é a proibição de antinomias, pode ser dirigida apenas aos que têm relação com a produção e aplicação das normas, em particular ao legislador, que é o produtor por excelência, e ao juiz, que é o aplicador por excelência. Dirigida aos produtores de normas, a proibição soa assim: "Não criem normas que sejam incompatíveis com outras normas do sistema.". Dirigida aos aplicadores, a proibição assume esta outra forma: "Se vocês esbarrarem em antinomias, devem eliminá-las.". Trata-se agora de ver se e em quais situações existem uma ou outra dessas duas normas, ou ambas.

Suponhamos três casos:

1) O de normas de diferentes níveis, dispostas hierarquicamente. Nesse caso, geralmente, a regra da coerência existe em ambas as formas:

   a) a pessoa ou o órgão autorizado a formular normas inferiores é obrigado a estabelecer normas que não estejam em oposição a normas superiores (pense-se na obrigação de quem tem um poder regulamentar ou um poder negocial de exercitar esse poder dentro dos limites estabelecidos pelas normas superiores);

   b) o juiz, quando se encontra frente a um conflito entre uma norma superior e uma norma inferior, é obrigado a aplicar a norma superior.

2) O caso das normas do mesmo nível, sucessivas no tempo. Nesse caso, não existe dever algum de coerência por parte do legislador, enquanto existe, por parte do juiz, o dever de resolver a antinomia, eliminando a norma anterior e aplicando a posterior. Existe, portanto, a regra da coerência na segunda forma, isto é, dirigida aos juízes, mas não na primeira (dirigida ao legislador):

   a) o legislador ordinário é perfeitamente livre para formular sucessivamente normas em oposição entre si: isso está previsto, por exemplo, no artigo 15 das Disposições Preliminares, já citado, no qual se admite a ab-rogação implícita, isto é, a legitimidade de uma lei posterior em oposição a uma anterior;

   b) mas quando a oposição se verifica, o juiz deve eliminá-la, aplicando, das duas normas, a posterior. Pode-se dizer também

## 110 | TEORIA DO ORDENAMENTO JURÍDICO

assim: o legislador é perfeitamente livre para contradizer-se, mas a coerência ainda assim fica salva, porque, das duas normas em oposição, uma cai e somente a outra permanece válida.

3) O caso das normas de mesmo nível, contemporâneas (por exemplo, a formulação de um código, de um texto de consolidação ou de uma lei que regula toda uma matéria). Também aqui não há nenhuma obrigação juridicamente qualificada, por parte do legislador, de não se contradizer, no sentido de que uma lei que contenha disposições contraditórias é sempre uma lei válida, e são válidas, também, ambas as disposições contraditórias. Podemos falar, quando muito, em relação ao legislador, de um dever moral de não se contradizer, em consideração ao fato de que uma lei contraditória torna mais difícil, e às vezes vã, a administração da justiça. Quanto ao juiz que se encontra frente a uma antinomia entre normas, por exemplo, de um código, ele também não tem nenhum dever juridicamente qualificado de eliminar a antinomia. Simplesmente, uma vez que duas normas antinômicas não podem ser ambas aplicadas ao mesmo caso, ele se encontrará na necessidade de aplicar uma e desaplicar a outra. Mas trata-se de uma necessidade de fato, não de uma obrigação (ou de uma necessidade moral). Tanto é verdade que as duas normas antinômicas continuam a subsistir no ordenamento, lado a lado, e o próprio juiz, em um caso posterior, ou outro juiz, no mesmo caso (por exemplo, um juiz de segunda instância), podem aplicar, das duas normas antinômicas, aquela que anteriormente não foi aplicada ou vice-versa.

Resumindo, nos três casos apresentados, o problema de uma suposta regra da coerência resolve-se de três maneiras diferentes: no primeiro caso, a regra da coerência vale em ambas as formas; no segundo, vale somente na segunda forma; no terceiro, não vale nem na primeira, nem na segunda forma, isto é, não existe nenhuma regra da coerência. Dessa formulação podemos extrair luz para iluminar um problema controvertido: a compatibilidade é uma condição necessária para a validade de uma norma jurídica, como dissemos no curso precedente, na p. 47. Aqui devemos responder negativamente, pelo menos em relação ao terceiro caso, isto é, ao caso de normas de mesmo nível e contemporâneas, no qual, como vimos, não existe nenhuma regra de coerência. *Duas normas incompatíveis do mesmo nível*

CAPÍTULO 3 – A COERÊNCIA DO ORDENAMENTO JURÍDICO | 111

*e contemporâneas são ambas válidas*. Não podem ser, ao mesmo tempo, ambas eficazes, no sentido de que a aplicação de uma ao caso concreto exclui a aplicação da outra; mas são ambas válidas, no sentido de que, apesar de seu conflito, ambas continuam a existir no sistema, e não há remédio para sua eliminação (além, é claro, da ab-rogação legislativa).

A coerência não é condição de validade, mas é sempre condição para a *justiça* do ordenamento. É evidente que, quando duas normas contraditórias são ambas válidas e pode haver indiferentemente a aplicação de uma ou de outra, conforme o livre-arbítrio daqueles que são chamados a aplicá-las, são violadas duas exigências fundamentais em que se inspiram ou tendem a inspirar-se os ordenamentos jurídicos: a exigência da certeza (que corresponde ao valor da paz ou da ordem) e a exigência da justiça (que corresponde ao valor da igualdade). Onde existem duas normas antinômicas, ambas válidas, e portanto ambas aplicáveis, o ordenamento jurídico não consegue garantir nem a certeza, entendida como possibilidade, por parte do cidadão, de prever com exatidão as consequências jurídicas da própria conduta, nem a justiça, entendida como igual tratamento das pessoas que pertencem à mesma categoria. Há um episódio em *I promessi sposi* (*Os noivos*) (MANZONI, 1972, cap. IV, p. 58, apud BALOSSINI, 1958) que ilustra muito bem as razões morais pelas quais é bom que não haja antinomias no direito. É o episódio do homicídio praticado por frei Cristóvão (também chamado Ludovico). A rixa, seguida por um duplo homicídio, nasceu porque "os dois (Ludovico e seu adversário) caminhavam rente ao muro, mas Ludovico (notem bem) esbarrava nele com o lado direito, e isso, segundo um costume, dava-lhe o direito (até onde se vai enfiar o direito!) de não ter de se afastar do dito muro para dar passagem a quem quer que fosse, coisa da qual se fazia, então, muita questão. O outro pretendia, ao contrário, que tal direito coubesse a si próprio, como nobre que era, e que Ludovico tivesse que andar pelo meio, e isso por causa de outro costume. Porque nisso, como acontece em muitos outros negócios, estavam em vigor dois costumes contrários, sem que fosse decidido qual dos dois era o certo, o que dava oportunidade de fazer uma guerra cada vez que um cabeça-dura encontrasse outro da mesma têmpera".

CAPÍTULO 4

# A completude do ordenamento jurídico

## 1. O problema das lacunas

Nos dois capítulos anteriores, examinamos duas características do ordenamento jurídico: a unidade e a coerência. Resta-nos considerar uma terceira característica, a qual lhe é comumente atribuída: a *completude*. Por "completude" se entende a propriedade pela qual um ordenamento jurídico tem uma norma para regular qualquer caso. Dado que a ausência de uma norma se chama, com frequência, de "lacuna" (em um dos sentidos do termo "lacuna"), "completude" significa "ausência de lacunas". Em outras palavras, um ordenamento é completo quando o juiz pode encontrar nele uma norma para regular qualquer caso que se lhe apresente, ou melhor, não há caso que não possa ser regulado com uma norma extraída do sistema. Caso queiramos dar uma definição mais técnica de completude, poderemos dizer que um ordenamento é completo quando nunca se verifica uma situação na qual não se possa demonstrar a pertinência a ele *nem* de uma determinada norma, *nem* da norma contraditória. Se quisermos especificar, a incompletude consiste no fato de que o sistema não compreende nem a norma que proíbe um determinado comportamento nem a norma que o permite. De fato, se se pode demonstrar que nem a proibição nem a permissão de um determinado comportamento podem ser deduzidas do sistema, tal como está posto, deve-se dizer que o sistema é incompleto, que o ordenamento jurídico tem uma lacuna.

A partir dessa definição mais técnica de completude, compreende-se melhor qual é o nexo entre o problema da completude e o da coerência, examinado no capítulo precedente. Podemos, efetivamente, definir a coerência como a propriedade pela qual nunca ocorre o caso em que se possa demonstrar a pertinência ao sistema *tanto* de uma determinada norma *quanto* da norma contraditória. Como vimos, encontramo-nos diante de uma antinomia quando nos damos conta de que ao sistema pertencem, ao mesmo tempo, tanto a norma que proíbe um determinado comportamento quanto aquela que o permite. Portanto, o nexo entre coerência e completude reside no seguinte: a coerência significa exclusão de toda situação em que pertençam ao sistema ambas as normas que se contradizem; a completude significa a exclusão de todas as situações nas quais não pertença ao sistema nenhuma das duas normas que se contradizem. Chamaremos de "incoerente" um sistema no qual existem tanto a norma que proíbe um determinado comportamento quanto aquela que o permite; "incompleto", um sistema no qual não existem nem a norma que proíbe um determinado comportamento nem aquela que o permite.

O nexo entre os dois problemas foi quase sempre negligenciado. Contudo, não faltam, na melhor literatura jurídica, alusões à necessidade de seu estudo comum. Por exemplo, no *Sistema* de Savigny (1886, v. I, seção 42, p. 267) lê-se esta passagem, que me parece muito significativa:

> [...] o conjunto das fontes do direito [...] forma um todo, que é destinado à solução de todas as questões que se apresentam no campo do direito. Para responder a essa finalidade, deve apresentar estas duas características: *unidade e completude* [...]. O procedimento ordinário consiste em extrair do conjunto das fontes um *sistema de direito* [...]. Falta a *unidade*, e então trata-se de remover uma *contradição*; falta a *completude*, e então trata-se de preencher uma *lacuna*. Porém, na realidade, essas duas coisas podem reduzir-se a um único conceito fundamental. De fato, o que procuramos estabelecer é sempre a unidade: a unidade negativa com a eliminação das contradições; a unidade positiva com o preenchimento das lacunas.

CAPÍTULO 4 – A COMPLETUDE DO ORDENAMENTO JURÍDICO | 115

Carnelutti, na sua *Teoria generale del diritto* (1946, p. 76), trata dos dois problemas conjuntamente, e fala de incompletude por *excesso* no caso das antinomias e de incompletude por *deficiência* no caso das lacunas, e daí decorrem os dois remédios opostos da *purgação* [purificação] do sistema para eliminar as normas excessivas, ou seja, as antinomias, e da *integração* para eliminar a deficiência de normas, ou seja, as lacunas. Carnelutti bem observa que o caso de antinomia é aquele em que existem mais normas do que deveriam existir, aquele que expressamos com as duas conjunções *tanto...quanto*, em que a tarefa do intérprete é a de suprimir aquilo que está em excesso; o caso de lacuna, ao contrário, é aquele em que existem menos normas do que deveriam existir, o qual expressamos com as duas conjunções *nem...nem*, em que a tarefa do intérprete é, ao contrário, acrescentar aquilo que falta.

Assim como, em relação ao caráter da coerência, o problema do teórico geral do direito é saber se e em que medida um ordenamento jurídico é coerente, da mesma forma, quanto ao caráter da completude, nosso problema é saber se e em que medida um ordenamento jurídico é completo. Quanto à coerência, nossa resposta foi que a coerência era uma exigência, mas não uma necessidade, no sentido de que a exclusão total das antinomias não é uma condição necessária para a existência de um ordenamento jurídico: um ordenamento jurídico pode tolerar normas incompatíveis no seu interior, sem se extinguir. Frente ao problema da completude, se considerarmos um certo tipo de ordenamento jurídico, como o nosso, caracterizado pelo princípio de que o juiz deve julgar cada caso mediante uma norma pertencente ao sistema, a completude é algo mais que uma exigência, é uma necessidade, ou seja, é uma condição necessária para o funcionamento do sistema. A norma que estabelece o dever do juiz de julgar todos os casos com base em uma norma pertencente ao sistema não poderia ser executada se o sistema não fosse pressuposto como completo, ou seja, como detentor de uma regra para todo caso. Por conseguinte, a completude é uma condição sem a qual o sistema, em seu conjunto, não poderia funcionar. O protótipo dos ordenamentos fundados, como foi dito, no *dogma da completude*, é o Código Civil francês, cujo art. 4º diz: "O juiz que se recusar a julgar, a pretexto de silêncio, obscuridade ou insuficiência da lei, poderá ser processado

# 116 | TEORIA DO ORDENAMENTO JURÍDICO

como culpado por denegação da justiça". No nosso direito, esse princípio foi estabelecido no art. 113 do Código de Processo Civil italiano, que diz: "Ao se pronunciar sobre a causa, o juiz deve seguir as normas do direito, salvo se a lei lhe atribuir o poder de decidir segundo a equidade".

Em conclusão, a completude é uma condição necessária para os ordenamentos em que valem estas duas regras:

1) o juiz é obrigado a julgar todas as controvérsias que se apresentam ao seu exame;

2) é obrigado a julgá-las com base em uma norma pertencente ao sistema.

Entende-se que, se uma das duas regras perder efeito, a completude deixa de ser considerada um requisito do ordenamento. Podemos imaginar dois tipos de ordenamentos incompletos, segundo falte a primeira ou a segunda das duas regras. Em um ordenamento em que faltasse a primeira regra, o juiz não seria obrigado a julgar todas as controvérsias que se lhe apresentassem: poderia pura e simplesmente rejeitar o caso como juridicamente irrelevante, com um juízo de *non liquet*. Para alguns, o ordenamento internacional é um ordenamento desse tipo: o juiz internacional teria a faculdade, em alguns casos, de não punir nem dar razão a nenhum dos litigantes, e esse juízo seria diferente (mas é discutível que o seja) do julgamento do juiz que daria razão a um, condenando o outro ou vice-versa. Em um ordenamento em que faltasse a segunda regra, o juiz seria, sim, obrigado a julgar todos os casos, mas não seria obrigado a julgá-los com base em uma norma do sistema. É o caso do ordenamento que autoriza o juiz a julgar, na falta de um dispositivo de lei ou dedutível da lei, segundo a equidade. Podem ser considerados ordenamentos desse tipo o ordenamento inglês e, embora em menor medida, o suíço, que autoriza o juiz a resolver a controvérsia, na falta de uma lei ou de um costume, como se ele mesmo fosse legislador. Em um ordenamento em que o juiz esteja autorizado a julgar segundo a equidade, subentende-se que o fato de que o ordenamento seja antecipadamente completo não possui nenhuma importância, uma vez que pode ser completado a todo momento.

## 2. O dogma da completude

O dogma da completude, ou seja, o princípio de que o ordenamento jurídico seja completo para fornecer ao juiz, em todos os casos, uma solução sem que recorra à equidade, foi dominante, e em parte o é até hoje, na teoria jurídica continental, de origem romanística. Alguns o consideram como um dos aspectos salientes do positivismo jurídico.

Retrocedendo no tempo, esse dogma da completude nasceu provavelmente na tradição romanística medieval, quando o direito romano passa, pouco a pouco, a ser considerado o direito por excelência, enunciado em definitivo no *Corpus iuris*, ao qual nada há a acrescentar e do qual nada há a suprimir, pois contém as regras com que o bom intérprete é capaz de resolver todos os problemas jurídicos que se apresentaram e se apresentarão. A completa e sutil técnica hermenêutica que se desenvolve entre os juristas comentadores do direito romano, e depois entre os tratadistas, é especialmente uma técnica para a exposição e o desenvolvimento interno do direito romano, partindo-se do pressuposto de que este constitui um sistema potencialmente completo, uma espécie de mina inexaurível da sabedoria jurídica, que o intérprete deve se limitar a escavar para encontrar o veio escondido. Se nos fosse concedido resumir com uma frase o caráter da jurisprudência que se desenvolveu sob o Império e à sombra do direito romano, diríamos que ela desenvolveu o método da *extensio* em detrimento daquele da *equidade*, inspirando-se antes no princípio da autoridade do que no da natureza das coisas.

Nos tempos modernos, o dogma da completude tornou-se parte integrante da concepção estatal do direito, ou seja, da concepção que faz da produção jurídica um monopólio do Estado. À medida que o Estado moderno crescia em potência, esgotavam-se todas as fontes do direito que não fossem a lei, ou melhor, o comando do soberano. A onipotência do Estado extravazou para o direito de origem estatal, e não foi reconhecido outro direito a não ser o que era emanação direta ou indireta do soberano. Onipotente como o Estado de que era a emanação, o direito estatal deveria regular todos os casos possíveis: se tivesse lacunas, o que o juiz deveria fazer

118 | TEORIA DO ORDENAMENTO JURÍDICO

a não ser recorrer a fontes jurídicas extraestatais, como o costume, a natureza das coisas, a equidade? Admitir que o ordenamento jurídico estatal não era completo significava introduzir um direito concorrente, romper o monopólio da produção jurídica estatal. E é por isso que a afirmação do dogma da completude caminha passo a passo com a monopolização do direito por parte do Estado. Para manter o próprio monopólio, o direito do Estado deve servir a todos os usos. Uma expressão macroscópica desse desejo de completude foram as grandes codificações; e, observe-se, é justamente no interior de uma dessas grandes codificações que foi pronunciado o veredicto de que o juiz deve julgar permanecendo sempre dentro do sistema já dado. A miragem da codificação é a completude: uma regra para todo caso. O código é para o juiz um prontuário que lhe deve servir infalivelmente e do qual não pode se afastar.

A cada grande codificação (da francesa de 1804 à germânica de 1900), desenvolveu-se entre os juristas e os juízes a tendência a se ater escrupulosamente aos códigos, naquela atitude dos juristas franceses em relação aos códigos napoleônicos, mas que se poderia estender a toda nação com direito codificado, que foi chamada de *fetichismo da lei*. Na França, a escola jurídica, que veio a se impor após a codificação, é frequentemente designada com o nome de *escola da exegese*, e se contrapõe à *escola científica*, que veio depois. O caráter peculiar da escola da exegese é a admiração incondicional pela obra realizada pelo legislador por meio da codificação, uma confiança cega na suficiência das leis, a crença definitiva de que o código, uma vez promulgado, baste completamente a si mesmo, ou seja, não tenha lacunas; em uma palavra, o dogma da completude jurídica. Uma escola da exegese não existiu só na França, mas também na Itália e na Alemanha, entre outros. E existe até hoje, ainda que, como veremos, o problema das lacunas já tenha sido formulado criticamente. Diria que a escola da exegese e a codificação são fenômenos estreitamente conexos e dificilmente separáveis um do outro.

Quando, como veremos na próxima seção, começou a reação ao fetichismo legislativo e, ao mesmo tempo, ao dogma da completude, um dos maiores representantes dessa reação, o jurista alemão Eugen Ehrlich, em um livro dedicado ao estudo e à crítica da mentalidade do jurista tradicional,

*A lógica dos juristas* [*Die juristische Logik*, Tübingen, 1925], afirmou que o raciocínio do jurista tradicional, ancorado no dogma da completude, estava baseado nestes três pressupostos:

1) a premissa maior de todo raciocínio jurídico deve ser uma norma jurídica;
2) essa norma deve ser sempre uma lei do Estado;
3) todas essas normas devem formar, no seu conjunto, uma unidade.

Ehrlich, ao atingir a mentalidade tradicional do jurista, queria atingir aquela atitude de conformismo estatal, que havia precisamente gerado e enraizado na jurisprudência o dogma da completude.

## 3. A crítica à completude

O citado livro de Ehrlich é uma das expressões mais significativas daquela revolta contra o monopólio estatal do direito, que se desenvolveu, quase ao mesmo tempo, na França e na Alemanha no final do século passado e que, embora chamada de diversos nomes, é conhecida, sobretudo, com o nome de *escola do direito livre*. O principal alvo dessa tendência é o dogma da completude do ordenamento jurídico. Se se quer atingir o fetichismo legislativo dos juristas, é necessário, antes de tudo, desfazer a crença de que o direito estatal seja completo. A batalha da escola do direito livre contra as várias escolas da exegese é uma batalha pelas lacunas. Consideravam os comentadores do direito constituído que o direito não tinha lacunas e que a tarefa do intérprete era unicamente a de tornar explícito o que já estava implícito na mente do legislador? Pois bem, os defensores da nova escola afirmam que o direito constituído está repleto de lacunas, e para preenchê-las é preciso confiar principalmente no poder criativo do juiz, ou seja, daquele que é chamado a resolver os infinitos casos que as relações sociais geram, para além e fora de toda regra pré-constituída.

As razões pelas quais, no fim do século passado, esse movimento contra a estatização jurídica e o dogma da completude surge e se desenvolve, são

120 | TEORIA DO ORDENAMENTO JURÍDICO

várias. Contudo, parece-me que as principais sejam estas duas. Em primeiro lugar, à medida que a codificação envelhecia (e isso vale, sobretudo, para a França), descobriam-se insuficiências. O que em um primeiro momento é objeto de admiração incondicionada torna-se, pouco a pouco, objeto de análise crítica, sempre mais exigente, e a confiança na onisciência do legislador diminui ou deixa de existir. Na história do direito na Itália, basta confrontar o comportamento da geração mais próxima aos primeiros códigos, aquela entre 1870 e 1890, e o comportamento da geração seguinte. Falou-se, muitas vezes, da passagem de uma jurisprudência exegética para uma jurisprudência científica para indicar, entre outras coisas, o desenvolvimento de uma crítica livre aos códigos, que preparou sua reforma. Ainda hoje, quem comparar o comportamento do jurista atual com o dos primeiros anos após a promulgação dos novos códigos não tardará em notar maior desembaraço e reverência menos passiva.

Em segundo lugar, paralelamente ao processo natural de envelhecimento de um código, é preciso considerar que na segunda metade do século XIX ocorreu, por obra da chamada Revolução Industrial, uma profunda e rápida transformação da sociedade, que fez com que as primeiras codificações – que refletiam uma sociedade ainda principalmente agrícola e pouco industrializada – parecessem ultrapassadas, portanto, insuficientes e inadequadas, e acelerou seu processo natural de envelhecimento. Basta pensar que ainda no Código Civil italiano de 1865, que derivava do francês, todos os problemas relativos ao trabalho, a que agora está dedicado um livro inteiro, eram resumidos em um artigo. Falar da completude de um direito que ignorava o surgimento da grande indústria e de todos os problemas da organização do trabalho a ela relacionados significava fechar os olhos diante da realidade por amor a uma fórmula, deixar-se iludir pela inércia mental e pelo preconceito.

Acrescente-se que esse descompasso, cada vez mais rápido e macroscópico, entre o direito constituído e a realidade social, foi acompanhado pelo particular desenvolvimento da filosofia social e das ciências sociais no século XIX, as quais, nas diversas correntes a que deram lugar, tiveram uma característica comum: a polêmica contra o Estado e a descoberta da

CAPÍTULO 4 – A COMPLETUDE DO ORDENAMENTO JURÍDICO | 121

*sociedade* sob o *Estado*. Tanto o marxismo quanto a sociologia positivista – para limitarmo-nos às duas maiores correntes de filosofia social – foram animados por uma crítica contra o monismo estatal, que teve a sua expressão mais intransigente na filosofia hegeliana, mas tinha ramificações muito mais antigas. O Estado se erguia sobre a sociedade e tendia a absorvê--la; mas a luta de classes, de um lado, que tendia a romper continuamente os limites da ordem estatal, e a formação espontânea (de todo modo não provocada ou imposta pelo Estado) de agrupamentos sociais sempre novos, como os sindicatos, os partidos, bem como de relações sempre novas entre os homens, decorrentes das transformações dos meios de produção, colocavam em evidência uma vida subjacente ou contrastante com o Estado, que nem o sociólogo nem o jurista podiam ignorar. A sociologia, essa nova ciência, que foi o produto mais típico do espírito científico do século XIX, no momento em que tomou consciência das correntes subterrâneas que animam a vida social, representou a destruição do mito do Estado. Vimos que um dos elementos desse mito do Estado era o dogma da completude. Compreende-se como a sociologia pôde fornecer armas críticas aos novos juristas contra as várias formas de jurisprudência fiéis ao dogma estatal e da completude do direito. No fim das contas, a consciência que se formava sobre o descompasso entre direito constituído e realidade social era auxiliada pela descoberta da importância da sociedade em relação ao Estado e encontrava na sociologia um ponto de apoio para contrastar a pretensão do estatismo jurídico.

No âmbito mais vasto da sociologia, formou-se uma corrente de sociologia jurídica, da qual Ehrlich, já mencionado, é um dos representantes mais autorizados: o programa da sociologia jurídica consistiu, no início, principalmente em mostrar que o direito era um fenômeno social e que, portanto, a pretensão dos juristas ortodoxos de fazer do direito um produto do Estado era infundada e conduzia a vários absurdos, como o de acreditar na completude do direito codificado. As relações entre escola do direito livre e sociologia jurídica são bastante estreitas: são duas faces da mesma moeda. Se o direito era um fenômeno social, um produto da sociedade (nas suas múltiplas formas), e não apenas do Estado, o juiz e o jurista deveriam

122 | TEORIA DO ORDENAMENTO JURÍDICO

extrair as regras jurídicas adequadas às novas necessidades a partir do estudo da sociedade, da dinâmica das relações entre diversas forças sociais e dos interesses que estas representavam, e não a partir das prescrições mortas e cristalizadas dos códigos. O direito livre, em outras palavras, extraía as consequências não só da lição dos fatos (ou seja, da constatação da inadequação do direito estatal diante do desenvolvimento da sociedade), mas também da nova consciência que o desenvolvimento das ciências sociais difundia sobre a importância das forças sociais latentes no interior da estrutura, só aparentemente de granito, do Estado: lição dos fatos e maturidade científica se ajudavam reciprocamente no combate ao monopólio jurídico do Estado e, com ele, ao dogma da completude.

A literatura crítica do estatismo jurídico é imensa. Limitamo-nos, aqui, a mencionar a obra de François Gény, *Méthode d'interprétation et sources du droit positif*, 1899, que contrapunha à exegese subserviente dos textos legislativos a *libre recherche scientifique*, por meio da qual o jurista deveria extrair a regra jurídica diretamente do direito vivo nas relações sociais. "O direito é algo demasiado complexo e mutável – escreveu Gény – para que um indivíduo ou uma assembleia, mesmo que investidos de autoridade soberana, possam pretender fixar de uma só vez seus preceitos de modo a satisfazer todas as exigências da vida jurídica" (GÉNY, 1919, II, p. 324). Naquela mesma época, os estudos de Edouard Lambert sobre o direito consuetudinário e sobre o direito judiciário serviam para chamar a atenção para um direito de origem não legislativa. Livros como o de Jean Cruet, *La vie du droit et l'impuissance des lois* (1914), em que se propunha o método de uma legislação experimental, que deveria adequar-se às necessidades sociais, considerando sobretudo o costume e a jurisprudência, ou como o de Gaston Morin, *La révolte des faits contre la loi* (1920), em que se desnudava o conflito entre a sociedade econômica e o Estado, são exemplos eloquentes do movimento antidogmático que se desenvolvia na jurisprudência francesa.

Na Alemanha, o sinal da batalha contra o tradicionalismo jurídico em nome da sociologia jurídica e da livre pesquisa do direito foi dado por Hermann Kantorowicz, que publicou, em 1906, um panfleto intitulado *A luta pela ciência do direito* [*Der Kampf um die Rechtswissenschaft*], com

CAPÍTULO 4 – A COMPLETUDE DO ORDENAMENTO JURÍDICO | 123

o pseudônimo de Gnaeus Flavius, em que indicava o direito livre extraído diretamente da vida social, independentemente das fontes jurídicas de derivação estatal, como o novo direito natural, que tinha a mesma função do antigo direito natural, ou seja, a de representar uma ordem normativa de origem não estatal, ainda que não tivesse mais sua natureza, uma vez que o direito livre era também um direito positivo, isto é, eficaz. Apenas o direito livre era capaz de preencher as lacunas da legislação. Caía, como inútil e perigosa resistência à adequação do direito às exigências sociais, o dogma da completude. Em seu lugar, passou a figurar a convicção de que o direito legislativo era lacunoso e que as lacunas não podiam ser preenchidas mediante o próprio direito estabelecido, mas apenas por meio da redescoberta e da formulação do direito livre.

## 4. O espaço jurídico vazio

A corrente do direito livre, da livre pesquisa do direito, teve muitos adversários entre os juristas: mais adversários que amigos. O positivismo jurídico estrito, ligado à concepção estatal do direito, não se deixou derrotar. O direito livre representava, aos olhos dos juristas tradicionalistas, uma nova encarnação do direito natural, que, da escola histórica em diante, considerava-se extinto e, portanto, sepultado para sempre. Admitir a livre pesquisa do direito (livre no sentido de não ligada ao direito estatal), conceder cidadania ao direito livre (ou seja, a um direito criado de quando em quando pelo juiz) significava romper a barreira do princípio da legalidade, que fora estabelecido em defesa do indivíduo, abrir as portas ao arbítrio, ao caos, à anarquia. A completude não era um mito, mas uma exigência de justiça; não era uma função inútil, mas uma defesa útil de um dos valores supremos a que deve servir a ordem jurídica, a *certeza*. Por trás da batalha dos métodos havia, como sempre, uma batalha ideológica. A tarefa dos juristas era a de defender a justiça legal ou favorecer a justiça substancial? Os defensores da legalidade permaneceram ligados ao dogma da completude. Para isso, entretanto, tiveram de encontrar novos argumentos. Após

## 124 | TEORIA DO ORDENAMENTO JURÍDICO

o ataque do direito livre, não bastava mais repetir ingenuamente a velha confiança na sabedoria do legislador. A confiança fora abalada. Era necessário demonstrar criticamente que a completude, longe de ser uma ficção cômoda, ou pior, uma crença ingênua, era um traço constitutivo de todo ordenamento jurídico, e que, se havia uma teoria errônea a ser refutada, não era a teoria da completude, mas a que sustentava a existência de lacunas. Os juristas tradicionalistas, em suma, passaram para o contra-ataque. O efeito desse contra-ataque foi que o problema da completude passou de uma fase dogmática para uma fase crítica.

O primeiro argumento lançado pelos positivistas estritos foi aquele que chamaremos, por brevidade, do *espaço jurídico vazio*. Foi enunciado e defendido por um dos mais ferrenhos defensores do positivismo jurídico contra todo renascimento jusnaturalista, Karl Bergbohm, no livro *Jurisprudenz und Rechtsphilosophie* [*Jurisprudência e filosofia do direito*], de 1892. Na Itália, foi aceito por Santi Romano no ensaio *Osservazioni sulla completezza dell'ordinamento statale* (1925). O raciocínio de Bergbohm é, em síntese, o seguinte: toda norma jurídica representa uma limitação à livre atividade humana; com exceção da esfera regulada pelo direito, o homem é livre para fazer o que quiser. O âmbito de atividade de um homem pode, portanto, considerar-se dividido, do ponto de vista do direito, em dois compartimentos: aquele em que é vinculado por normas jurídicas e que podemos chamar de espaço jurídico cheio, e aquele em que é livre, e que podemos chamar de espaço jurídico vazio. Ou há o vinculo jurídico, ou há absoluta liberdade. *Tertium non datur.* A esfera da liberdade pode diminuir ou aumentar, conforme aumentem ou diminuam as normas jurídicas; mas não ocorre a situação em que um ato nosso seja, ao mesmo tempo, livre e vinculado. Transportemos essa alternativa para o plano do problema das lacunas: um caso ou é regulado pelo direito, e então é um caso jurídico ou juridicamente relevante, ou não é regulado pelo direito, e então pertence àquela esfera de livre manifestação da atividade humana, que é a esfera do *juridicamente irrelevante*. Não existe nenhum espaço para as lacunas do direito. Assim como é absurdo pensar em um caso que não seja jurídico e, todavia, seja regulado, da mesma forma não é possível admitir um caso que seja jurídico e que, não obstante isso, não seja regulado: ou

CAPÍTULO 4 – A COMPLETUDE DO ORDENAMENTO JURÍDICO | 125

seja, não é possível admitir uma lacuna do direito. Até onde o direito chega com as suas normas, não existem lacunas; onde não chega, há o espaço jurídico vazio, e, portanto, não lacuna do direito, mas atividade indiferente ao direito. Não existe espaço intermediário entre o juridicamente cheio e o juridicamente vazio, em que se possam colocar as lacunas. Ou existe o ordenamento jurídico, e então não se pode falar de lacuna; ou existe a chamada lacuna, e então não há mais ordenamento jurídico e a lacuna deixa de ser lacuna, pois não representa deficiência do ordenamento, mas seu limite natural. O que está além dos limites da regra de um ordenamento não é lacuna do ordenamento, mas algo diverso do ordenamento, assim como a margem de um rio não é a ausência do rio, mas simplesmente a separação entre o que é rio e o que não é rio.

O ponto fraco dessa teoria é que se baseia em um conceito muito discutível como o de espaço jurídico vazio ou esfera do juridicamente irrelevante. Existe o espaço jurídico vazio? Parece que a afirmação do espaço jurídico vazio nasce da falsa identificação do jurídico com o obrigatório. Mas o que não é obrigatório e, portanto, representa a esfera do permitido ou do lícito deve considerar-se juridicamente irrelevante ou indiferente? Aqui está o erro. Falamos muitas vezes das três modalidades normativas: o comandado, o proibido e o permitido. Para sustentar a tese do espaço jurídico vazio, é necessário excluir o permitido das modalidades jurídicas: o que é permitido coincidiria com o que é juridicamente indiferente. Quando muito, dever-se-ia distinguir duas esferas do permitido ou da liberdade, uma juridicamente relevante e a outra juridicamente irrelevante. Mas é possível essa distinção? Existe uma esfera da liberdade jurídica ao lado de uma esfera da liberdade juridicamente irrelevante?

A primeira dúvida de que uma liberdade juridicamente irrelevante não exista nasce do fato de que Romano, para definir essa liberdade e para distingui-la da liberdade jurídica (considerada como esfera do lícito), chama-a de esfera do que não é lícito nem ilícito. Ora, como lícito e ilícito são dois termos contraditórios, não podem se excluir mutuamente, pois, se não podem ser ambos verdadeiros, não podem também ser ambos falsos. E, portanto, não pode existir uma situação que não seja, ao mesmo tempo, nem lícita nem ilícita.

Na realidade, a liberdade não jurídica deveria ser mais bem definida como "liberdade não protegida". O que significa essa expressão? Tem

126 | TEORIA DO ORDENAMENTO JURÍDICO

sentido falar de uma liberdade não protegida ao lado de uma liberdade protegida? Senão, vejamos. Por "liberdade protegida" entende-se aquela liberdade que é garantida (por meio da coerção jurídica) contra eventuais impedimentos por parte de terceiros (ou do próprio Estado). Isto é, trata-se da liberdade que é reconhecida no mesmo momento em que é imposta a terceiros a obrigação jurídica (isto é, reforçada pela sanção, em caso de inadimplência) de não impedir seu exercício. Observe-se bem que a esfera do permitido (em uma pessoa) está sempre ligada a uma esfera do obrigatório (em uma outra pessoa ou em todas as outras pessoas): isso quer dizer que a esfera do permitido jurídico pode ser sempre considerada do ponto de vista da obrigação (isto é, da obrigação alheia de não impedir o exercício da ação ilícita); e que o direito nunca permite sem, ao mesmo tempo, comandar ou proibir. Então, se por liberdade protegida entende-se a liberdade garantida contra o impedimento alheio, por liberdade não protegida (o que, repetimos, deveria constituir a esfera do juridicamente irrelevante e do espaço jurídico vazio) deveria entender-se uma liberdade não garantida contra o impedimento alheio. Isso significaria dizer que o uso da força por parte de um terceiro para impedir o exercício dessa liberdade seria lícito. Em resumo: *liberdade não protegida* significa *licitude do uso da força privada*. Mas se é assim, nos nossos ordenamentos estatais modernos, caracterizados pela monopolização da força por parte do Estado e pela consequente vedação do uso privado da força, a situação suposta como situação de liberdade não protegida não é possível.

É claro que ao Estado, quando atribui uma liberdade, não interessa o que escolho, mas que possa escolher. O que ele protege não é minha escolha, mas o direito de escolher. Poder-se-ia objetar que o ordenamento estatal moderno não pode ser tomado como modelo de todo ordenamento jurídico possível e que existem ordenamentos jurídicos em que a monopolização da força não é completa, e, dessa forma, nesses ordenamentos existem casos em que a intervenção da força privada é lícita. Confesso que também nesse caso parece-me difícil falar de uma esfera do juridicamente irrelevante. Que em alguma situação a força privada seja lícita significa que nesse caso a liberdade de um não está protegida, mas está protegida a força do outro,

CAPÍTULO 4 – A COMPLETUDE DO ORDENAMENTO JURÍDICO | 127

e que, portanto, a relação direito-dever foi invertida, no sentido de que ao dever do terceiro de respeitar a liberdade alheia sucede o direito de violá-la, e ao direito de alguém exercer a própria liberdade sucede o dever de aceitar o impedimento do outro. O fato de a liberdade não ser protegida não torna essa situação juridicamente irrelevante, pois, no mesmo momento em que a liberdade de agir de um não está protegida, está protegida a liberdade de o outro exercer a força, e, enquanto protegida, ela é juridicamente relevante, ao contrário da outra. Não desaparece a relevância jurídica: simplesmente muda a relação entre o direito e o dever.

## 5. A norma geral exclusiva

Se não existe espaço jurídico vazio, significa que só existe espaço jurídico pleno. Partindo dessa constatação, teve início a segunda teoria, que, em reação à escola do direito livre, procurou elaborar criticamente o problema da completude. Sinteticamente, a primeira teoria, aquela que examinamos na seção precedente, sustentou que não existem lacunas, pois onde falta ordenamento jurídico falta o próprio direito e, desse modo, deve-se falar mais propriamente de *limites* do ordenamento jurídico em vez de *lacunas*. A segunda teoria, por sua vez, sustenta que não existem lacunas pela razão inversa, isto é, pelo fato de que o direito nunca falta. Essa segunda teoria foi primeiramente sustentada pelo jurista alemão Ernst Zitelmann no ensaio intitulado *As lacunas no direito* [*Lücken im Recht*, 1903], e, com alguma variação, na Itália, por Donato Donati no importante livro *Il problema delle lacune dell'ordinamento giuridico*, 1910.

O raciocínio seguido por esses autores pode resumir-se assim: uma norma que regula um comportamento não só limita a regulamentação e, desse modo, as consequências jurídicas que decorrem dessa regulamentação àquele comportamento, mas ao mesmo tempo *exclui* dessa regulamentação todos os outros comportamentos. Uma norma que proíbe fumar exclui a proibição, ou seja, permite todos os outros comportamentos que não consistam em fumar. Todos os comportamentos não compreendidos

128 | TEORIA DO ORDENAMENTO JURÍDICO

na norma particular são regulados por uma *norma geral exclusiva*, quer dizer, pela regra que exclui (por isso é exclusiva) todos os comportamentos (por isso é geral) que não fazem parte daquele previsto pela norma particular. Poderíamos dizer também, de outro modo, que as normas nunca nascem sozinhas, mas em par: cada norma particular, que podemos chamar de inclusiva, é acompanhada, como se fosse sua própria sombra, da norma geral exclusiva. Segundo essa teoria, nunca pode existir, para além das normas particulares, um espaço jurídico vazio; ao contrário, para além dessas normas, existe toda uma esfera de ações reguladas pelas normas gerais exclusivas. Enquanto para a primeira teoria a atividade humana é dividida em dois campos, um regulado por normas e outro não regulado, para essa segunda teoria toda atividade humana é regulada por normas jurídicas, pois a que não se submete às normas particulares submete-se às normas gerais exclusivas.

Para maior clareza, citemos as próprias palavras dos dois autores que formularam a teoria. Conforme Zitelmann (1903, p. 17):

> Na base de toda norma particular, que sanciona uma ação com uma pena ou com a obrigação de ressarcimento dos danos, ou atribuindo qualquer outra consequência jurídica, está sempre como que subentendida e não expressa uma norma fundamental geral e negativa, segundo a qual, prescindindo desses casos particulares, todas as outras ações permanecem isentas de pena ou ressarcimento: toda norma positiva, com que se atribua uma pena ou um ressarcimento, é, nesse sentido, uma exceção daquela norma norma fundamental geral e negativa. Por conseguinte: caso falte uma semelhante exceção positiva, não existe lacuna, porque o juiz pode sempre, aplicando aquela norma geral e negativa, reconhecer que o efeito jurídico em questão não sobreveio ou que não surgiu o direito à pena ou a obrigação ao ressarcimento.

Consoante Donati (1910, p. 36-7):

> Dado o conjunto das disposições, as quais, prevendo determinados casos, estabelecem para eles a existência de determinadas obrigações, do conjunto das mesmas disposições deriva, concomitantemente, uma série de normas particulares inclusivas e uma norma geral exclusiva: uma série de normas particulares direcionadas a estabelecer, para os casos por elas particularmen-

# CAPÍTULO 4 – A COMPLETUDE DO ORDENAMENTO JURÍDICO | 129

te considerados, determinadas limitações, e uma norma geral direcionada a excluir qualquer limitação para todos os outros casos, não particularmente considerados. Por força dessa norma, todo caso possível encontra no ordenamento jurídico o seu regulamento. Dado determinado caso, ou existe na legislação uma disposição aplicável especificamente a ele, e dessa disposição derivará para o mesmo caso uma norma específica, ou não existe, e então incidirá na norma geral mencionada.

O exemplo dado por Donati é o seguinte: em um Estado monárquico falta uma disposição que regule a sucessão ao trono na hipótese de extinção da família real. Indaga-se: a quem cabe a Coroa, caso se verifique a circunstância da extinção? Parece que nos encontramos ante um típico caso de lacuna. Donati sustenta, por outro lado, baseado na teoria da norma geral exclusiva, que, mesmo nesse caso, existe uma solução jurídica. Na realidade, considerando que o caso não encontre no ordenamento norma particular aplicável a ele, ficará submetido à norma geral exclusiva, que estabelece precisamente, para os casos nela compreendidos, a exclusão de qualquer limitação. Desse modo, a questão proposta: "A quem cabe a Coroa?" terá a seguinte solução – e será a única solução jurídica possível: a Coroa não cabe a ninguém, vale dizer: o Estado e os súditos estão livres de qualquer limitação relativa à existência de um rei e, dessa maneira, terão direito de recusar a pretensão de qualquer pessoa a ser reconhecida como rei. Que essa solução seja *politicamente* insatisfatória não quer dizer absolutamente que não seja uma solução *jurídica*. Poder-se-á lamentar que um Estado em que falte semelhante lei seja *mal* constituído, mas não se poderá dizer que seu ordenamento seja *incompleto* ou lacunoso.

Mesmo essa teoria da norma geral exclusiva tem o seu ponto fraco. O que ela diz está bem dito e com aparência de grande rigor, mas não diz tudo. O que não diz é que em um ordenamento jurídico geralmente não existe apenas um conjunto de *normas particulares inclusivas* e uma *norma geral exclusiva* que as acompanha, mas também um terceiro tipo de norma, que é *inclusiva* como a primeira e *geral* como a segunda, e que podemos chamar de *norma geral inclusiva*. Chamamos "norma geral inclusiva" uma norma como aquela expressa no ordenamento italiano, no art. 12 das Disposições Preliminares, segundo o qual, em caso de lacuna, o juiz deve recorrer às normas que regulam casos similares ou matérias análogas. Enquanto norma geral exclusiva é a norma que regula todos os

130 | TEORIA DO ORDENAMENTO JURÍDICO

casos não compreendidos na norma particular, mas os regula *de modo oposto*, a característica da norma geral inclusiva é de regular os casos não compreendidos na norma particular, mas semelhantes a esses, *de modo idêntico*. Diante de uma lacuna, se aplicarmos a norma geral exclusiva, o caso não regulado será resolvido de modo oposto ao regulado; se aplicarmos a norma geral inclusiva, o caso não regulado será resolvido de modo idêntico ao regulado. Como se vê, as consequências da aplicação de uma norma geral ou de outra são bem diversas, ou melhor, são opostas. E a aplicação de uma ou de outra norma depende do resultado da indagação sobre o fato de o caso não regulado ser ou não similar ao regulado. Mas o ordenamento, em geral, não nos diz nada sobre as condições com base nas quais dois casos possam ser considerados similares. A decisão sobre a semelhança dos casos cabe ao intérprete. E, assim, cabe ao intérprete a decisão se, em caso de lacuna, ele deve aplicar a norma geral exclusiva, e desse modo excluir o caso não previsto da disciplina do caso previsto, ou aplicar a norma geral inclusiva, e portanto incluir o caso não previsto na disciplina do caso previsto. Na primeira situação, diz-se que adota o *argumentum a contrario*; na segunda, o *argumentum a simili*.

Mas, se diante de um caso não regulado, pode-se aplicar tanto a norma geral exclusiva quanto a inclusiva, é necessário precisar a fórmula segundo a qual existe sempre, para cada caso, uma solução jurídica, nesta outra: no caso de lacuna, existem ao menos duas soluções jurídicas:

1) a consideração do caso não regulado como diverso do regulado e a consequente aplicação da norma geral exclusiva;

2) a consideração do caso não regulado como similar ao regulado e a consequente aplicação da norma geral inclusiva. Mas justamente o fato de o caso não regulado oferecer matéria para duas soluções opostas torna o problema das lacunas menos simples, menos claro e óbvio do que aquele que se depreendia da teoria, até excessivamente linear, da norma geral exclusiva. Se existem duas soluções, ambas possíveis, e a decisão entre as duas soluções cabe ao intérprete, existe uma lacuna, e ela consiste propriamente no fato de que o

ordenamento não deixou claro qual das duas soluções seria a mais desejável. Se existisse, em caso de comportamento não regulado, uma só solução, a da norma geral exclusiva, como costuma acontecer, por exemplo, no direito penal, em que a extensão analógica não é admitida, poderíamos até dizer que não existem lacunas: todos os comportamentos que não são expressamente proibidos pelas leis penais são lícitos. Mas, levando em conta que as soluções, em caso de comportamento não regulado, são habitualmente duas, a lacuna consiste especificamente na ausência de uma regra que permita aceitar uma solução em vez de outra.

Desse modo, não só nos parece impossível excluir as lacunas, em contraste com a teoria da norma geral exclusiva, mas termina por se precisar o próprio conceito de lacuna: a lacuna se verifica não pela falta de uma norma expressa para a regulamentação de determinado caso, mas pela *falta de um critério para a escolha de qual das duas regras gerais, a exclusiva e a inclusiva, deva ser aplicada.* Em um certo sentido, fomos além da teoria da norma geral exclusiva, pois admitimos que no caso do comportamento expressamente não regulado, em vez de sempre existir uma solução jurídica, antes existem duas. Em outro sentido, porém, contestamos a teoria, uma vez que, justamente porque as soluções jurídicas possíveis são duas, e falta um critério para aplicar ao caso concreto uma delas e não a outra, descobrimos aqui a lacuna que a teoria acreditou poder eliminar: a lacuna não se refere ao caso singular, mas se relaciona ao critério com base no qual o caso deve ser resolvido.

Exemplifiquemos. No art. 265 do Código Civil italiano, só a violência é considerada como causa de impugnação do reconhecimento do filho natural. O artigo não regula o caso de erro. Trata-se de lacuna? Se tivéssemos de aplicar apenas a norma geral exclusiva, poderíamos responder tranquilamente que não. A norma geral exclusiva implica que o que não está compreendido na norma particular (nesse caso, o erro) deve ter uma disciplina oposta àquela do caso previsto: portanto, se a violência, que está prevista, é causa de impugnação, o erro, que não está previsto, não é causa de impugnação. Mas o problema é que o intérprete deve levar em conta também

132 | TEORIA DO ORDENAMENTO JURÍDICO

a norma geral inclusiva, segundo a qual, em caso de comportamento não regulado, este deve ser regulado do mesmo modo do caso similar. O caso do erro é similar ao da violência? Se o intérprete dá a essa pergunta uma resposta afirmativa, é claro que a solução é oposta à anterior: o erro é, do mesmo modo que violência, causa de impugnação. Como se percebe, a dificuldade, sobre a qual comumente não nos detemos, é que, diante do caso não regulado, não é que exista insuficiência de soluções jurídicas possíveis; existe, antes, excesso de soluções. E a dificuldade de interpretação, em que consiste o problema das lacunas, é que o ordenamento não oferece nenhum meio jurídico para eliminar esse excesso, isto é, para decidir com base no sistema em favor de uma solução e não de outra.

Se nos referirmos agora à definição técnica de lacuna, dada na primeira parte deste capítulo, quando dissemos que lacuna significa que em certos casos o sistema não oferece a possibilidade de resolver determinados casos nem de determinado modo nem de modo oposto, daquilo que dissemos sobre a teoria da norma geral exclusiva devemos concluir que um ordenamento jurídico, não obstante a norma geral exclusiva, *pode ser incompleto*. E pode ser incompleto porque entre a norma particular inclusiva e a norma geral exclusiva habitualmente se interpõe a norma geral inclusiva, que estabelece uma zona intermediária entre o regulado e o não regulado, na qual o ordenamento jurídico tende, de forma quase sempre indeterminada e indeterminável, a se introduzir. Mas essa introdução resta, geralmente, no âmbito do sistema, indecisa. Se, em caso de comportamento não regulado, não tivéssemos outra norma a aplicar a não ser a norma geral exclusiva, a solução seria óbvia. Mas agora sabemos que em muitos casos podemos aplicar tanto a norma que determina que os comportamentos diversos sejam regulados de modo oposto ao regulado quanto a norma que determina que os comportamentos semelhantes sejam regulados de modo idêntico ao regulado. E não somos capazes de decidir, mediante regras do sistema, se o caso é similar ou diverso. E, então, a solução deixa de ser óbvia. O fato de a solução não ser mais óbvia, ou seja, de não se poder extrair do sistema uma solução ou a solução oposta, revela a lacuna, isto é, revela a incompletude do ordenamento jurídico.

## 6. As lacunas ideológicas

Anteriormente, procuramos esclarecer em que sentido é possível falar de lacunas no ordenamento jurídico ou de incompletude do ordenamento jurídico: não no sentido, repetimos, de ausência de uma norma a ser aplicada, mas da ausência de critérios válidos para decidir qual norma aplicar. Mas existe um outro sentido de lacuna, mais óbvio, quero dizer, menos controverso, de lacuna, que merece breve ilustração. Entende-se por "lacuna" também a ausência não de uma solução, qualquer que seja, mas de uma solução *satisfatória*, ou, em outras palavras, não a ausência de uma norma, mas a ausência de uma *norma justa*, isto é, da norma que gostaríamos que existisse, mas não existe. Como essas lacunas derivam não da consideração do ordenamento jurídico como ele é, mas do confronto entre o ordenamento jurídico como ele é e como deveria ser, foram chamadas "ideológicas", para distingui-las das que fossem eventualmente encontradas no ordenamento jurídico como é e que podem ser chamadas de "reais". Podemos também enunciar a diferença do seguinte modo: as lacunas ideológicas são lacunas *de iure condendo*; as lacunas reais são *de iure condito*.

O fato de existirem lacunas ideológicas em todo sistema jurídico é tão óbvio que nem vale a pena insistir nisso. Nenhum ordenamento jurídico é perfeito: ao menos nenhum ordenamento jurídico positivo. Só o ordenamento jurídico natural não deveria ter lacunas ideológicas: antes, uma possível definição de direito natural poderia ser aquela que o definisse como um direito sem lacunas ideológicas, no sentido de que ele é o que deveria ser. Mas um sistema de direito natural jamais foi formulado por ninguém. A nós interessa o direito positivo. Ora, no que diz respeito ao direito positivo, se é óbvio que todo ordenamento tem lacunas ideológicas, é igualmente óbvio que as lacunas com que se deve preocupar aquele que é chamado a aplicar o direito não são as lacunas ideológicas, mas as reais. Quando os juristas sustentam, a nosso ver de maneira equivocada, que o ordenamento jurídico é completo, ou seja, não tem lacunas, referem-se às lacunas reais, não às ideológicas.

Quem procurou colocar em relevo a diferença entre os dois planos do problema das lacunas, o *de iure condito* e o de *iure condendo*, foi Brunetti, em uma série de ensaios que constituem, juntamente com as obras de Romano e de Donati, os maiores contributos da ciência jurídica italiana a esse problema (BRUNETTI, 1913, v. I, p. 34 ss.; 1917, v. III, p. 1 ss.; 1917, v. III, p. 30 ss.; 1918, v. III, p. 50 ss.; 1924, v. IV, p. 161 ss.). Brunetti sustenta que, para se poder falar de completude ou incompletude de qualquer coisa, deve-se não considerar a coisa em si mesma, mas compará-la a alguma outra coisa. Os dois casos típicos em que posso falar de completude ou não são:

1) quando comparo uma determinada coisa com seu tipo ideal ou com o que deveria ser ideal: só tem sentido se perguntar se determinada mesa é completa ou não se a comparo com o que deveria ser uma mesa perfeita;

2) quando comparo a representação de uma coisa com a coisa representada, por exemplo, um mapa da Itália com a Itália.

Ora, em relação ao ordenamento jurídico, Brunetti sustenta que, se o considerarmos em si mesmo, ou seja, sem compará-lo com alguma outra coisa, a pergunta se é completo ou não é uma pergunta *sem sentido*, como se nos perguntássemos se o ouro é completo, se o céu é completo. Para que o problema das lacunas tenha um sentido, é preciso ou confrontar o ordenamento jurídico real com um ordenamento jurídico ideal, segundo o significado ilustrado no item 1, e nesse caso é lícito falar de completude ou incompletude do ordenamento jurídico, mas não é o sentido que interessa ao jurista (trata-se, de fato, das lacunas ideológicas); ou considerar o ordenamento legislativo como representação da vontade do Estado, segundo o significado ilustrado no item 2, e perguntar-se se a lei contém ou não tudo o que deve conter para poder ser considerada a manifestação tecnicamente perfeita da vontade do Estado; mas, nesse segundo caso, o problema da completude ou da incompletude pode referir-se unicamente ao ordenamento legislativo, como parte do ordenamento jurídico, e não ao ordenamento jurídico na sua totalidade. Ao se referir ao ordenamento jurídico, e não ao ordenamento jurídico na sua totalidade, o problema da completude, segundo Brunetti, não tem sentido, pois o ordenamento jurídico, e não ao ordenamento jurídico na sua totalidade, por si mesmo considerado, não pertence à categoria

CAPÍTULO 4 – A COMPLETUDE DO ORDENAMENTO JURÍDICO | 135

das coisas a que se possa atribuir a completude ou a incompletude, assim como não se pode atribuir o azul ao triângulo ou à alma.

Resumindo, segundo Brunetti, o problema das lacunas tem três faces:

1) o problema de saber se o ordenamento jurídico, considerado em si mesmo, é completo ou incompleto: o problema assim formulado (e é a formulação mais frequente por parte dos juristas), não tem sentido;

2) o problema de saber se o ordenamento jurídico é completo ou incompleto, tal como é, comparado a um ordenamento jurídico ideal: esse problema tem sentido, mas nesse caso as lacunas em questão são as lacunas ideológicas, que não interessam aos juristas;

3) o problema de saber se é completo ou incompleto o ordenamento legislativo, considerado como parte de um todo, e comparado ao todo, ou seja, ao ordenamento jurídico: esse problema tem sentido e é o único caso em que se pode falar de lacunas no sentido próprio da palavra. Na realidade, também esse terceiro caso pode ser inserido na categoria das lacunas ideológicas, isto é, no contraste entre aquilo que a lei diz e aquilo que deveria dizer para se adaptar perfeitamente ao espírito do sistema como um todo. Logo: para Brunetti, o problema da completude é um problema sem sentido, ou, caso tenha sentido, as únicas lacunas cuja existência pode ser demonstrada são as lacunas ideológicas; e é um sentido, como dizíamos, tão óbvio, que, se o problema se reduzisse a isso, não mereceria, a bem da verdade, todos os rios de tinta que versaram sobre ele.

## 7. Vários tipos de lacunas

A distinção que expusemos até agora entre lacunas reais e lacunas ideológicas corresponde aproximadamente à distinção, muitas vezes repetida nos tratados gerais, entre *lacunas próprias* e *impróprias*. A lacuna própria é uma lacuna do sistema ou dentro do sistema; a lacuna imprópria deriva da comparação do sistema real com um sistema ideal. Em um sistema em que

# 136 | TEORIA DO ORDENAMENTO JURÍDICO

todo caso não regulado insere-se na norma geral exclusiva (como é comum em um código penal, que não admite extensão analógica), só pode haver lacunas impróprias: o caso não regulado não é uma lacuna do sistema, pois só pode inserir-se na norma geral exclusiva; quando muito, é uma lacuna em relação a como o sistema deveria ser. A lacuna própria se dá apenas quando, ao lado da norma geral exclusiva, existe também a norma geral inclusiva, e o caso não regulado pode inserir-se tanto em uma quanto na outra. O que os dois tipos de lacuna têm em comum é que designam um caso não regulado por leis vigentes em um dado ordenamento jurídico. O que as diferencia é o modo como podem ser eliminadas: a lacuna imprópria, somente por meio da promulgação de novas normas; a lacuna própria, mediante as leis vigentes. As lacunas impróprias só podem ser integradas pelo legislador; as lacunas próprias podem ser integradas por obra do intérprete. Mas, quando dizemos que um sistema é incompleto, estamos nos referindo às lacunas próprias, e não às impróprias. O problema da completude do ordenamento jurídico é o problema de saber se existem e como são eliminadas as lacunas próprias.

Quanto aos motivos que as provocaram, as lacunas se distinguem em *subjetivas* e *objetivas*. Subjetivas são as que dependem de algum motivo imputável ao legislador; objetivas são as que dependem do desenvolvimento das relações sociais, das novas invenções, de todas aquelas causas que provocam um envelhecimento dos textos legislativos e que, portanto, são independentes da vontade do legislador. As lacunas subjetivas, por sua vez, podem distinguir-se em *voluntárias* e *involuntárias*. Involuntárias são as que decorrem de alguma distração do legislador, que leva a crer regulado um caso que não o é, ou faz com que se negligencie um caso que talvez se considere pouco frequente etc.; voluntárias são as que o próprio legislador deixa de propósito, porque a matéria é bastante complexa e não pode ser regulada com regras muito minuciosas, e é melhor confiá-la à interpretação, caso a caso, do juiz. Em algumas matérias o legislador produz normas muito genéricas que podem ser chamadas de *diretivas*. A característica das diretivas é que traçam apenas as linhas gerais da ação a cumprir, mas deixam a especificação das particularidades a quem as deve seguir ou aplicar; por exemplo, a diretiva traça o fim que se deve alcançar, mas deixa a

CAPÍTULO 4 – A COMPLETUDE DO ORDENAMENTO JURÍDICO | 137

especificação dos meios adequados para perseguir o fim à livre escolha do executor. Muitas normas constitucionais são, em relação ao legislador ordinário que deverá aplicá-las, puras e simples diretivas: antes, algumas normas constitucionais de caráter geral não podem ser aplicadas se não estão integradas. O legislador que as estabeleceu não ignorava que eram lacunosas, mas a função delas era justamente estabelecer uma diretiva geral que deveria ser integrada ou preenchida sucessivamente por órgãos mais adequados para tal finalidade. Segundo o significado exposto de lacuna, essas lacunas voluntárias não são verdadeiras lacunas: nesse caso, de fato, a integração do vazio, propositadamente deixado, é confiada ao poder criativo do órgão hierarquicamente inferior. Existe lacuna em sentido próprio quando se presume que o intérprete (nesse caso o órgão inferior) deve resolver o caso com base em uma norma dada pelo sistema, e essa norma não existe ou, para sermos mais exatos, o sistema não oferece a devida solução. Nos casos em que age o poder criativo de quem deve aplicar as normas do sistema, o sistema é sempre, em sentido próprio, completo, pois pode ser completado em qualquer circunstância; e, portanto, o problema da completude ou da incompletude nem sequer pode ser colocado.

Outra distinção é aquela entre lacuna *praeter legem* e lacuna *intra legem*. As primeiras ocorrem quando as regras expressas, por serem demasiado específicas, não compreendem todos os casos possíveis; as segundas têm lugar, ao contrário, quando as normas são demasiado genéricas e revelam, no interior dos dispositivos dados, vazios ou buracos que caberá ao intérprete preencher. As lacunas voluntárias, sobre as quais se discorreu há pouco, em geral, são *intra legem*. No primeiro caso, a integração consistirá em formular novas regras *ao lado* daquelas expressas; no segundo caso, as novas regras deverão ser formuladas *dentro* das regras expressas.

## 8. Heterointegração e autointegração

Vimos na seção 2 que o dogma da completude é historicamente conexo à noção estatista de direito. Não se deve acreditar, porém, que a

138 | TEORIA DO ORDENAMENTO JURÍDICO

completude de um ordenamento esteja confiada unicamente à norma geral exclusiva, isto é, à regra de que todo caso não regulado é regulado pela norma que o exclui da regulamentação do caso regulado. Entre os casos incluídos expressamente e os casos excluídos existe em todo ordenamento, como já advertimos, uma zona incerta de casos não regulados, mas que potencialmente podem ser atraídos para a esfera de influência dos casos expressamente regulados. Todo ordenamento prevê os meios ou as soluções capazes de penetrar nessa zona intermediária, de ampliar a esfera do regulado em relação à do não regulado. Vimos, de resto, no segundo capítulo, que os ordenamentos de que falamos são ordenamentos complexos, cujas normas provêm de fontes diversas, embora reunidas, por meio da ordem hierárquica, em uma unidade. Se um ordenamento jurídico não é, estaticamente considerado, completo, a não ser por meio da norma geral exclusiva, todavia, dinamicamente considerado, é *completável*.

Para se completar, um ordenamento jurídico pode recorrer a dois métodos diferentes que podemos denominar, conforme a terminologia de Carnelutti, de *heterointegração* e *autointegração*. O primeiro método consiste na integração operada mediante:

a) o recurso a ordenamentos diversos;

b) o recurso a fontes diferentes da dominante (que é, nos ordenamentos que estamos analisando, a lei).

O segundo método consiste na integração realizada por meio do próprio ordenamento, no âmbito da própria fonte dominante, sem recorrer a outros ordenamentos e com o mínimo recurso a fontes diversas da dominante.

Nesta seção, vamos examinar rapidamente o método da heterointegração nas suas duas formas principais.

O tradicional método de heterointegração mediante recurso a outros ordenamentos consistia na obrigação, por parte do juiz, de recorrer, em caso de lacuna do direito positivo, ao direito natural. Uma das funções atribuídas ao direito natural, durante o predomínio das correntes jusnaturalistas, foi a de preencher lacunas do direito positivo. O direito natural era concebido como um sistema jurídico perfeito, sobre o qual repousava o ordenamento positivo, imperfeito por natureza: a tarefa do direito natural

CAPÍTULO 4 – A COMPLETUDE DO ORDENAMENTO JURÍDICO | 139

era remediar as imperfeições inevitáveis do direito positivo. Era doutrina constante do direito natural que o legislador positivo se inspirasse, para a promulgação das próprias normas, no direito natural; disso resultava como consequência lógica que, em caso de lacuna, o juiz se dirigisse à mesma fonte. Nas codificações modernas, o último resíduo dessa doutrina é o art. 7º do Código Civil austríaco de 1812, no qual se lê que nos casos dúbios, não solucionáveis com normas de direito positivo, o juiz deve recorrer aos *princípios do direito natural* [*natürliche Rechtsgrundsätze*]. No art. 17, consta que no *silentium legis*, e até prova em contrário, tem-se como subsistente sem limitações tudo o que é conforme aos direitos naturais inatos [*angeborene natürliche Rechte*]. Nas codificações mais recentes, essa doutrina foi quase sempre abandonada. No artigo 3º das Disposições Preliminares do Código Civil italiano de 1865, que derivava direta e quase literalmente do art. 7º do Código austríaco citado há pouco, a expressão "princípios gerais do direito natural" é substituída pela expressão mais simples, e talvez também mais equívoca, "princípios gerais do direito". A maior parte dos juristas interpretou essa expressão como se significasse "princípios gerais do direito positivo", e com essa interpretação operou-se a passagem do método da heterointegração ao da autointegração. Mas houve quem, como Giorgio Del Vecchio (1958, v. I, p. 205-71), sustentasse em um ensaio muito discutido que, seguindo a tradição jusnaturalista da qual derivou o art. 3º do Código italiano, era necessário interpretar a expressão "princípios gerais do direito" como se significasse "princípios gerais do direito natural".

Não está excluído que dado ordenamento, para realizar a própria integração, recorra a outros ordenamentos positivos. Podemos distinguir:

a) o reenvio a ordenamentos anteriores no tempo, por exemplo, o recurso de um ordenamento vigente ao direito romano, que foi a sua matriz histórica: houve quem considerasse possível interpretar a tão discutida fórmula dos "princípios gerais do direito" do Código Civil italiano de 1865 como se significasse "princípios gerais do direito romano";

b) o reenvio a ordenamentos vigentes contemporâneos, como no caso em que um ordenamento estatal recorra a normas de um outro

140 | TEORIA DO ORDENAMENTO JURÍDICO

ordenamento estatal ou do direito canônico (voltaremos mais detalhadamente a esses problemas no último capítulo dedicado à relação entre ordenamentos).

Quanto ao recurso a outras fontes diferentes da dominante, consideremos os nossos ordenamentos, cuja fonte predominante é a lei. A heterointegração assume três formas. A primeira forma é o recurso ao costume, considerado como fonte subsidiária à lei. Trata-se do chamado *consuetudo praeter legem*. Pode-se distinguir uma aplicação ampla de uma aplicação restrita do costume *praeter legem*, ou integrador, como também é designado para indicar exatamente a sua função de fonte subsidiária. A aplicação ampla se dá quando o costume é referido por uma norma integradora do seguinte tipo: "O costume vige em todas as matérias não reguladas pela lei". A aplicação restrita se dá quando a referência está contida em uma norma do seguinte tipo: "O costume vige somente nos casos em que é expressamente referido pela lei". O art. 8º das Disposições Preliminares, que diz: "Nas matérias reguladas pelas leis e pelos regulamentos, os usos: têm eficácia só quando são por eles referidos", pode ser interpretado, ao mesmo tempo, como referência em sentido amplo e como referência em sentido estrito.

O método mais importante de heterointegração, entendida como recurso a outra fonte diferente da legislativa, é o recurso, em caso de lacuna da lei, ao poder criativo do juiz, ou seja, ao chamado *direito judiciário*. Notadamente, os sistemas jurídicos anglo-saxões recorrem a essa forma de integração em maior medida do que os sistemas jurídicos continentais, em que não se reconhece, ao menos oficialmente, o poder criativo do juiz, salvo nos casos expressamente indicados em que se atribui ao juiz a função de emitir *juízos de equidade*. Graças à batalha desencadeada pela escola do direito livre em favor do direito judiciário, o Código Civil suíço enunciou em seu art. 1º o princípio segundo o qual, em caso de lacuna, seja da lei, seja do costume, o juiz poderia decidir o caso como se ele mesmo fosse o legislador. Ficou demonstrado, de resto, que o juiz suíço quase nunca recorre ao emprego de um poder tão amplo, mostrando claramente com isso o apego de nossa tradição jurídica à autointegração, ou, seja como for, a desconfiança em relação ao direito judiciário, considerado como veículo de incerteza e desordem.

CAPÍTULO 4 – A COMPLETUDE DO ORDENAMENTO JURÍDICO | 141

A rigor, pode-se considerar como recurso a outra fonte o recurso às opiniões dos juristas, às quais seria atribuída, em circunstâncias particulares, como no caso de silêncio da lei e do costume, autoridade de fonte do direito. Para designar essa fonte do direito, podemos usar a expressão de Savigny: *direito científico*. Nos nossos ordenamentos, assim como não é reconhecido direito de cidadania ao juiz como fonte normativa, da mesma maneira, e com maior razão, não é atribuído direito de cidadania ao jurista, que expressa opiniões que podem ser levadas em conta tanto pelo legislador quanto pelo juiz, mas nunca emite juízos vinculantes nem para o legislador nem para o juiz. Para ilustrar essa forma de integração, limitemo-nos a supor um ordenamento que contivesse uma norma do seguinte tipo: "Em caso de lacuna da lei (e do costume), o juiz deverá ater-se à opinião predominante na doutrina", ou, ainda mais especificamente, "[...] à solução adotada por esse ou por aquele jurista". Essa hipótese, de resto, não é de todo inventada. Recordemos a *Lei das Citações* (426 d.C.), de Teodósio II e Valentiniano III, que estabelecia o valor a ser atribuído em juízo aos escritos dos juristas e reconhecia antecipadamente plena autoridade a todas as obras de Papiniano, Paulo, Ulpiano, Modestino, Gaio.

# 9. *A analogia*

O método de autointegração se vale, sobretudo, de dois procedimentos:

1) analogia;
2) os princípios gerais do direito.

É o método que nos interessa mais de perto, pois é aquele particularmente adotado pelo legislador italiano, que no art. 12 das Disposições Preliminares do Código Civil dispôs:

> Se uma controvérsia não puder ser decidida com um dispositivo preciso, deve-se considerar os dispositivos que regulam *casos similares ou matérias análogas*; se o caso ainda permanecer dúbio, decide-se segundo os princípios gerais do ordenamento jurídico do Estado.

142 | TEORIA DO ORDENAMENTO JURÍDICO

Com a indicação dos dois procedimentos da analogia e dos princípios gerais do direito, o legislador pretende ou presume que, em caso de lacuna, a regra deve ser encontrada no próprio âmbito das leis vigentes, ou seja, sem recorrer a outros ordenamentos nem a fontes diferentes da lei.

Entende-se por "analogia" aquele procedimento pelo qual se atribui a um caso não regulado a mesma disciplina de um caso regulado de *maneira similar*. Já tivemos oportunidade de encontrar a analogia quando falamos da norma geral inclusiva: o art. 12 supracitado pode ser considerado a norma geral inclusiva do ordenamento italiano. A analogia é certamente o mais típico e o mais importante dos procedimentos interpretativos de determinado sistema normativo: é o procedimento mediante o qual se manifesta a chamada tendência de todo sistema jurídico a *expandir-se* para além dos casos expressamente regulados. Foi amplamente usado em todas as épocas. Recordemos a seguinte passagem do *Digesto*: "*Non possunt omnes articuli singillatim aut legibus aut senatus consultis comprehendi: sed cum in aliqua causa sententia eorum manifesta est, is qui iurisdictioni praeest **ad similia procedere** atque ita ius dicere debet*" (10 D. de leg., 1, 3). No direito medieval e moderno, a analogia ou *argumentum a simili* era considerada o procedimento mais eficaz para realizar a chamada *extensio legis*.

O raciocínio por analogia foi estudado pelos lógicos. Encontra-se menção a ele sob o nome de *paradigma* (traduzido posteriormente em latim por *exemplum*) no *Organon*, de Aristóteles (*Analitici priores*, II, 24). O exemplo aduzido por Aristóteles é o seguinte: "A guerra dos focenses contra os tebanos é ruim; a guerra dos atenienses contra os tebanos é semelhante à guerra dos focenses contra os tebanos; a guerra dos atenienses contra os tebanos é ruim". A fórmula do raciocínio por analogia pode ser expressa esquematicamente da seguinte maneira:

$$M \text{ é } P$$
$$S \text{ é semelhante a } M$$
$$S \text{ é } P$$

Essa formulação deve ser brevemente comentada. Da forma como está exposta, apresenta-se como um silogismo em que a proposição menor exprime uma relação de semelhança em vez de identidade (a fórmula do silo-

CAPÍTULO 4 – A COMPLETUDE DO ORDENAMENTO JURÍDICO | 143

gismo é: M é P; S é M; S é P). Na realidade, ela esconde o vício chamado de *quaternio terminorum*, segundo o qual os termos são aparentemente três, como no silogismo, mas na verdade são quatro. Exemplifiquemos:

Os homens são mortais;
os cavalos são semelhantes aos homens,
os cavalos são mortais.

A conclusão é lícita apenas se os cavalos são semelhantes aos homens em uma qualidade que seja a razão suficiente pela qual os homens são mortais. Diz-se que a semelhança não deve ser uma semelhança qualquer, mas uma *semelhança relevante*. Suponhamos que essa semelhança relevante entre homens e cavalos, com o fim de deduzir a mortalidade dos cavalos, seja que ambos pertencem à categoria dos *seres vivos*. Disso resulta que os termos do raciocínio não são mais três (homem, cavalo, mortal), mas quatro (homem, cavalo, mortal e ser vivo). Para extrair a conclusão "os cavalos são mortais" dos três termos, o raciocínio deveria ser formulado da seguinte maneira:

Os seres vivos são mortais;
os cavalos são seres vivos;
os cavalos são mortais.

Aqui, os termos são três; mas, como se vê claramente, não se trata mais de um raciocínio por analogia, mas de um silogismo comum.

O mesmo vale no raciocínio por analogia usado pelos juristas. Para que se possa extrair a conclusão, isto é, a atribuição, ao caso não regulado, das mesmas consequências jurídicas atribuídas ao caso regulado similar, requer-se que entre os dois casos não exista uma similitude qualquer, mas uma *similitude relevante*, isto é, é necessário proceder dos dois casos até uma qualidade comum a ambos que seja simultaneamente a razão suficiente pela qual foram atribuídas ao caso regulado aquelas e não outras consequências. Uma lei de um Estado americano atribui uma pena detentiva a quem exerce

144 | TEORIA DO ORDENAMENTO JURÍDICO

o comércio de livros obscenos. Trata-se de saber se igual pena pode estender-se, de um lado, aos livros policiais, de outro, a discos que reproduzem canções obscenas. É provável que o intérprete aceite a segunda extensão e rejeite a primeira. No primeiro caso, existe de fato uma visível semelhança entre livros obscenos e livros policiais, mas trata-se de semelhança não relevante, pois o que têm em comum, ou seja, o fato de serem papel impresso, não foi a razão suficiente da pena detentiva estabelecida pela lei aos divulgadores de livros obscenos. No segundo caso, diversamente, a semelhança entre livros obscenos e discos que reproduzem canções obscenas é relevante (ainda que menos visível), pois tal gênero de discos tem em comum com os livros obscenos a qualidade que motivou a proibição. Por razão suficiente de uma lei, entendemos aquilo que tradicionalmente se chama *ratio legis*. Desse modo, diremos que, para que o raciocínio por analogia seja lícito no direito, é necessário que os dois casos, aquele regulado e aquele não regulado, tenham em comum a *ratio legis*. De resto, é o que foi transmitido com a fórmula: "*Ubi eadem ratio, ibi eadem iuris dispositio*". Suponhamos que um intérprete se pergunte se a proibição do pacto comissório (art. 2.744 do Código Civil italiano) se estende à venda com finalidade de garantia. Em que direção ele desenvolverá a sua indagação? Buscará a razão pela qual o legislador estabeleceu a proibição prevista no art. 2.744 e estenderá ou não a proibição, segundo considere ou não válida a mesma razão para a proibição da venda com o objetivo de garantia.

Costuma-se distinguir a analogia propriamente dita, concebida também com o nome de *analogia legis*, seja da *analogia iuris*, seja da *interpretação extensiva*. É curioso o fato de que a *analogia iuris*, não obstante a identidade do nome, não tenha nada a ver com o raciocínio por analogia, ao passo que a interpretação extensiva, não obstante a diversidade do nome, é um caso de aplicação do raciocínio por analogia. Por analogia *iuris* entende-se o procedimento com que se extrai uma nova regra para um caso imprevisto não a partir da regra que se refere a um caso singular, como ocorre na analogia *legis*, mas a partir de todo o sistema ou de uma parte dele: esse procedimento não difere em nada daquele empregado no recurso aos princípios gerais do direito, e falaremos a respeito na parte

CAPÍTULO 4 – A COMPLETUDE DO ORDENAMENTO JURÍDICO | 145

seguinte. Quanto à interpretação extensiva, é opinião comum, embora às vezes contestada, que ela seja algo diverso da analogia propriamente dita. A importância jurídica da distinção está no seguinte: considera-se habitualmente que, quando a extensão analógica é proibida, como, por exemplo, segundo o art. 14 das Disposições Preliminares do Código Civil italiano, nas leis penais e nas leis excepcionais, a interpretação extensiva é lícita. Nesse caso, trata-se de observar, referindo-nos ao que dissemos reiteradamente a propósito das lacunas, que, quando não é admitida a extensão analógica, funciona imediatamente, em caso de *silentium legis*, a norma geral exclusiva. Não existe uma zona intermediária entre o caso individual expressamente regulado e os casos não regulados.

Mas qual é a diferença entre analogia propriamente dita e interpretação extensiva? Foram imaginados vários critérios para justificar a distinção. Creio que o único critério aceitável seja aquele que procura compreender a diferença em relação aos diversos efeitos, respectivamente, da extensão analógica e da interpretação extensiva: o efeito da primeira é a criação de uma nova norma jurídica; o efeito da segunda é a extensão de uma norma a casos não previstos por ela. Citaremos dois exemplos. Pergunta-se se o art. 1.577 do Código Civil italiano, atinente às obrigações do locador em relação às reparações da coisa locada, pode entender-se às obrigações de mesma natureza do comodatário: se a resposta for afirmativa, criou-se uma regra nova para disciplinar o comodato, que antes não existia. Pergunta-se, ao contrário, se o art. 1.754 do Código Civil italiano, que define como mediador "aquele que põe em contato duas ou mais partes para a conclusão de um negócio", estende-se também àquele que "induza à conclusão do negócio depois que as partes tenham iniciado os contatos sozinhas ou por meio de outro mediador": se a resposta for afirmativa, não se criou uma regra nova, mas simplesmente ampliou-se o alcance da regra dada. O primeiro exemplo é de analogia; o segundo, de interpretação extensiva. Com esta, limitamo-nos, assim, à redefinição de um termo, mas a norma aplicada é sempre a mesma. Com aquela, passa-se de uma norma a outra. Enquanto é correto dizer que com a interpretação extensiva estendeu-se o conceito de mediador, não seria igualmente correto dizer, no caso do art. 1.577 do

146 | TEORIA DO ORDENAMENTO JURÍDICO

Código Civil italiano, que com a analogia estendeu-se o conceito de locação. Nesse caso, acrescentou-se a uma norma específica uma outra norma específica, remontando a um *genus* comum. Naquele caso, acrescentou-se uma nova *species* ao *genus*, previsto na lei. Esquematicamente, os dois casos podem ser expressos da seguinte maneira:

1) Analogia

a' (caso regulado)

A ( a *ratio* comum a ambos)

a" (caso não regulado)

a" é semelhante a a' mediante A

donde (A) a'   e   (A) a"

2) Interpretação extensiva

Aa' (caso regulado)

a" (caso não regulado)

a" é semelhante a a'

onde Aa' a"

## 10. Os princípios gerais do Direito

O outro procedimento de autointegração é o recurso aos princípios gerais do direito, tradicionalmente conhecidos como *analogia iuris*. A expressão "princípios gerais do direito" foi usada pelo legislador de 1865, mas devido aos equívocos que podia ensejar, isto é, se se devia entender por "direito" o direito natural ou o direito positivo, o projeto do novo código havia adotado a fórmula "princípios gerais do direito vigente", que foi alterada, na última redação, pela na atual fórmula: "princípios gerais do ordenamento jurídico do Estado". Essa alteração é explicada no Relatório do ministro com as seguintes palavras:

> Em lugar da fórmula "princípios gerais do direito vigente", que poderia parecer demasiado limitativa da obra do intérprete, considerei preferível a

CAPÍTULO 4 – A COMPLETUDE DO ORDENAMENTO JURÍDICO | 147

outra, "princípios gerais do ordenamento jurídico do Estado", na qual o termo "ordenamento" compreende, no seu significado amplo, além das normas e dos institutos, também a orientação político-legislativa estatal e a tradição científica nacional (direito romano, comum etc.). Tal ordenamento, adotado ou sancionado pelo Estado, isto é, o nosso ordenamento, seja privado ou público, dará ao intérprete todos os elementos necessários para a busca da norma reguladora.

Citamos integralmente essa passagem do Relatório, pois as últimas linhas expressam muito caracteristicamente o dogma da completude e, por outro lado, a referência à "tradição científica nacional" pode levar a pensar em uma evasão, até inconsciente, em direção à heterointegração.

Que o recurso aos princípios gerais, mesmo na nova formulação, represente um procedimento de heterointegração, foi sustentado pelo maior estudioso italiano do problema da interpretação, Betti, com argumentos que de resto não me convencem. Betti (1949, p. 52) coloca o recurso aos princípios gerais do direito entre os métodos de heterointegração ao lado dos juízos da equidade, com o seguinte argumento:

> Um desses instrumentos (de heterointegração) é constituído pelos princípios gerais do direito, se e enquanto possa ser-lhes reconhecida uma forma de expansão não meramente lógica, mas axiológica, de modo a ir bem além das soluções legislativas determinadas pelas suas valorações e, portanto, de modo a transcender o mero direito positivo.

Em outro trecho (BETTI, 1949, p. 211):

> E, assim como as normas singulares só refletem em parte os princípios gerais [...], da mesma forma os princípios gerais, enquanto critérios de valoração imanentes à ordem jurídica, são caracterizados por um *excesso de conteúdo deontológico* (ou *axiológico*, se preferirmos) em confronto com as normas singulares, também reconstruídas no seu sistema.

A dificuldade dessa tese de Betti deriva do fato de que é sustentada com duas afirmações contrastantes: de um lado, os princípios gerais do direito são considerados *imanentes* à ordem jurídica; de outro, *excedentes*. Se fossem realmente "excedentes", o recurso a eles, em vez de integrar o sistema, acabaria por colocá-lo em desordem.

148 | TEORIA DO ORDENAMENTO JURÍDICO

Os princípios gerais, ao meu ver, são apenas normas fundamentais ou generalíssimas do sistema, as normas mais gerais. O nome "princípios" induz a erro, tanto que é antiga questão entre os juristas saber se os princípios gerais são normas. Para mim, não resta dúvida: os princípios gerais são normas como todas as outras. E essa também é a tese sustentada pelo estudioso que mais amplamente se ocupou do problema, Crisafulli (1941, v. XXI, p. 41-64; 157-82; 230-65; 1952, p. 38-42). Para sustentar que os princípios gerais são normas, os argumentos são dois, e ambos válidos: em primeiro lugar, se são normas aquelas das quais os princípios gerais são extraídos, mediante um procedimento de generalização sucessiva, não há motivo para que eles também não sejam normas: se abstraio de espécies animais, obtenho sempre animais, e não flores ou estrelas. Em segundo lugar, a função pela qual são extraídos e usados é igual à realizada por todas as normas, ou seja, a função de regular um caso. Com que objetivos são extraídos em caso de lacuna? Para regular um comportamento não regulado, é claro: mas então servem ao mesmo objetivo a que servem as normas expressas. E por que não deveriam ser normas?

Minha discordância com Crisafulli é sobre a tese, por ele sustentada, de que o art. 12 se referia tanto aos princípios gerais não expressos quanto aos expressos. Crisafulli diferencia os princípios gerais em expressos e não expressos; os expressos, distingue-os, por sua vez, em expressos já aplicados e em expressos ainda não aplicados. Muitas normas, seja dos códigos, seja da constituição, são normas generalíssimas e, portanto, são verdadeiros princípios gerais expressos: colocaria nessa categoria normas como o art. 2.043 do Código Civil italiano, que formula um dos princípios fundamentais sobre o qual se rege a convivência social, expressa pela conhecida máxima da justiça *neminem laedere*; o art. 2.041 do Código Civil italiano, relativo ao enriquecimento ilícito; o art. 1.176 desse mesmo código, relativo ao cumprimento das obrigações. Muitas normas da Constituição são princípios gerais do direito, mas, diferentemente das normas do Código Civil, algumas delas ainda esperam ser aplicadas: são princípios gerais expressos não aplicados.

Ao lado dos princípios gerais expressos, existem os não expressos, isto é, os que podem ser extraídos por abstração de normas específicas ou ao

CAPÍTULO 4 – A COMPLETUDE DO ORDENAMENTO JURÍDICO | 149

menos não muito gerais: são princípios, ou seja, normas generalíssimas, formuladas pelo intérprete, que busca compreender, comparando normas aparentemente diferentes entre si, aquilo que comumente se chama de espírito do sistema. Perguntamo-nos se os princípios gerais de que fala o art. 12 são apenas os não expressos ou também os expressos: consideramos que são apenas os não expressos. O art. 12 refere-se às lacunas e aos meios para supri-las: uma vez que os princípios gerais são expressos, já que, como dissemos, são normas como todas as outras, não se pode falar de lacuna.

A primeira condição para que se possa falar de lacuna é que o caso não seja regulado: o caso não é regulado quando não existe nenhuma norma expressa, nem específica, nem geral, nem generalíssima, que se refira a ele, ou seja, quando, além de ausência de norma específica que se refira a ele, também o princípio geral, dentro do qual poderia se inserir, não é expresso. Se o princípio geral fosse expresso, não haveria diferença entre julgar o caso com base nele ou com base em uma norma específica. É verdade que o legislador italiano não disse "na ausência de um dispositivo *expresso*", mas "na ausência de um dispositivo *preciso*". Mas um princípio geral expresso é um dispositivo *preciso*. O art. 12 autoriza o intérprete a buscar os princípios gerais não expressos. Quanto aos princípios gerais expressos, seria bem curioso que fosse necessária uma norma própria para autorizar sua aplicação.

CAPÍTULO 5

# AS RELAÇÕES ENTRE OS ORDENAMENTOS JURÍDICOS

## 1. A pluralidade dos ordenamentos

Consideramos até agora os problemas que nascem *dentro* de um ordenamento. Existe ainda outro a ser tratado para completar a teoria do ordenamento jurídico que nos havíamos proposto desde o início: o problema das relações entre os ordenamentos, ou melhor, os problemas, se quisermos nos expressar com uma fórmula correspondente, que nascem *fora* de um ordenamento. É uma questão pouco tratada até agora, do ponto de vista da teoria geral do direito. Este capítulo será apenas o esboço de uma análise que merece ser muito mais ampla.

A primeira condição para que se possa falar de relações entre os ordenamentos é que os ordenamentos jurídicos existentes sejam mais de um e não exista só um ordenamento jurídico. O ideal do ordenamento jurídico único, como pudemos observar várias vezes, persistiu no pensamento jurídico ocidental. O prestígio do direito romano, primeiro, e do direito natural, depois, determinou o surgimento e a duração da ideologia de um único direito universal, do qual os direitos particulares eram só especificações históricas. Mais do que indagar as relações entre ordenamentos diferentes, tratava-se de colocar em evidência as relações dos vários direitos particulares com o único direito universal. Um dos problemas mais discutidos no

152 | TEORIA DO ORDENAMENTO JURÍDICO

âmbito da ideologia universalista do direito foi, justamente, o das relações entre direito positivo e direito natural.

Os processos por meio dos quais a ideologia universalista do direito desapareceu são dois, principalmente, e sucederam-se no tempo. Se chamarmos de "monismo jurídico" a ideia universalista com base na qual existe um só ordenamento jurídico universal, e de "pluralismo jurídico" a ideia oposta, poderemos dizer que o pluralismo jurídico percorreu duas fases.

A primeira fase é a que corresponde ao nascimento e ao desenvolvimento do *historicismo jurídico*, que, sobretudo por meio da escola histórica do direito, afirma a nacionalidade dos direitos que emanam direta ou indiretamente da consciência popular. Desta forma, ao direito natural único, comum a todos os povos, se contrapõem tantos direitos quantos são os povos ou as nações. Do chamado gênio das nações, que constituirá um dos motivos recorrentes das doutrinas nacionais do século passado, é produto típico também o direito. Essa primeira forma de pluralismo tem caráter estatista. Há não apenas um, mas muitos ordenamentos jurídicos, porque há muitas nações, que tendem a expressar, cada uma em um ordenamento unitário (o ordenamento estatal), a sua personalidade, ou se quisermos, o seu gênio jurídico. Essa fragmentação do direito universal em muitos direitos particulares, interdependentes entre si, é confirmada e teorizada pela corrente jurídica que acabou por prevalecer na segunda metade do século passado e está longe de ter desaparecido ainda hoje: falo do *positivismo jurídico*, isto é, da corrente segundo a qual não existe outro direito além do direito positivo, e a característica do direito positivo é ser criado por uma vontade soberana (o positivismo jurídico identifica-se com a concepção voluntarista do direito). Onde quer que exista um poder soberano existe um direito e, sendo todo poder soberano por definição independente de qualquer outro poder soberano, cada direito constitui ordenamento autônomo. Há tantos direitos diferentes entre si quantos são os poderes soberanos. Que os poderes soberanos sejam muitos e independentes é um dado de fato. Partindo do dogma voluntarista do direito, um direito universal só pode ser concebido com a hipótese de um único poder soberano universal; essa hipótese dera origem à ideia de que o direito emanasse de uma única vontade soberana, a vontade de Deus, e os singulares poderes soberanos históricos fossem emanações diretas ou indiretas da vontade

CAPÍTULO 5 – AS RELAÇÕES ENTRE OS ORDENAMENTOS JURÍDICOS | 153

de Deus. Porém, a ideia foi abandonada ao surgir o pensamento político moderno, no qual a ideia universalista do direito reaparece sob a forma do direito natural, cujo órgão criador não era mais a vontade, mas a razão. Mas, reconhecendo-se como fonte do direito não a razão, mas a vontade, e desaparecendo a concepção teológica do universo na filosofia e nas ciências modernas, daí derivou, como consequência inevitável, o pluralismo jurídico.

A segunda fase do pluralismo jurídico é a que podemos chamar *institucional* (para distingui-la da primeira, que podemos chamar de estatal ou nacional), sobre a qual já chamamos a atenção no curso precedente (p. 31-4). Aqui "pluralismo" tem um significado mais pleno (tanto que, quando se fala de "pluralismo" sem maiores especificações, nos referimos a esta corrente, e não à precedente): significa não somente que há muitos ordenamentos jurídicos (mas todos do mesmo tipo) em contraposição ao direito universal único, mas que há ordenamentos jurídicos de *muitos e variados tipos*. Chamamo-lo de "institucional" porque a sua tese principal é a de que existe um ordenamento jurídico onde quer que exista uma instituição, ou seja, um grupo social organizado. As correntes de pensamento que lhe deram origem são as mesmas correntes sociológicas, antiestatais, que vimos na origem da escola do livre direito (na terceira seção do capítulo anterior). Também a teoria institucional é um produto da descoberta da sociedade subjacente ao Estado. A consequência dessa teoria é uma ulterior fragmentação da ideia universalista do direito e, naturalmente, um enriquecimento do problema, que se torna cada vez mais complexo e cheio de perspectivas, referente às relações entre ordenamentos. Aceitando a teoria pluralista institucional, o problema das relações entre ordenamentos não compreende mais somente o problema das relações entre ordenamentos estatais, mas também o das relações entre ordenamentos estatais e ordenamentos diferentes dos estatais. Entre os ordenamentos não estatais, distinguimos quatro tipos:

a) ordenamentos *acima* do Estado, como o ordenamento internacional e, segundo algumas doutrinas, o da Igreja Católica;

b) ordenamentos *sob* o Estado, como os ordenamentos propriamente sociais, que o Estado reconhece, limitando-os ou absorvendo-os;

# 154 | TEORIA DO ORDENAMENTO JURÍDICO

c) ordenamentos *ao lado* do Estado, como o da Igreja Católica, segundo outras concepções, ou, também, o internacional, segundo a concepção chamada "dualística";

d) ordenamentos *contra* o Estado, como as associações criminosas, as seitas secretas etc.

Constatado o ocaso da concepção universalista do direito, não queremos com isso dizer que o universalismo jurídico tenha morrido também como exigência moral ou como tendência prático-política. Ao contrário, o universalismo como tendência nunca morreu, e nestes últimos anos, sobretudo depois da Guerra Mundial e da criação da Organização das Nações Unidas, está mais vivo do que nunca. O universalismo jurídico ressurge hoje não mais como crença em um direito natural eterno, já dado de uma vez por todas, mas como vontade voltada para construir um *direito positivo único*, que unifique em unidade todos os direitos positivos existentes e seja produto não da natureza, mas da história, e esteja não no início do desenvolvimento social e histórico (como o direito natural e o estado de natureza), mas no fim. A ideia do estado mundial único é a ideia-limite do universalismo jurídico contemporâneo; é uma unidade procurada não contra o positivismo jurídico, com um retorno à ideia de um direito natural revelado à razão, mas por meio do desenvolvimento, até o limite extremo, do positivismo jurídico, isto é, até a constituição de um direito positivo universal.

## 2. Vários tipos de relações entre ordenamentos

Assim como as normas de um ordenamento podem ser dispostas em ordem hierárquica, nada exclui que os vários ordenamentos estejam entre si em uma relação de superior para inferior. A pirâmide que nasce no interior de um ordenamento pode prolongar-se fora do ordenamento, se alguns ordenamentos de um certo tipo são subordinados a um ordenamento superior e este, por sua vez, a outro, e assim por diante. A imagem da pirâmide das normas pode ser completada com a imagem da pirâmide dos ordenamentos.

CAPÍTULO 5 – AS RELAÇÕES ENTRE OS ORDENAMENTOS JURÍDICOS | 155

Por isso, uma primeira classificação das relações entre ordenamentos pode ser feita com base no diferente grau de validade que eles têm um em relação ao outro. Distingamos assim:

a) relações de coordenação;
b) relações de subordinação (ou de supremacia recíproca).

Relações típicas de *coordenação* são as que têm lugar entre Estados soberanos e dão origem ao particular regime jurídico, próprio da relação entre entes que estão no mesmo plano, que é o regime pactuário, ou seja, o regime no qual as regras de coexistência são o produto de uma autolimitação recíproca. Relações típicas de *subordinação* são, por outro lado, as verificadas entre o ordenamento estatal e os ordenamentos sociais parciais (associações, sindicatos, partidos, igrejas etc.), que têm estatutos próprios, cuja validade deriva do reconhecimento do Estado. Na concepção curalista das relações entre Estado e Igreja, relação de subordinação é também a que intercorre entre o ordenamento baseado na *potestas temporalis* e o baseado na *potestas spiritualis*. Há uma concepção das relações entre ordenamentos estatais e ordenamento da comunidade internacional (o direito internacional), dita concepção monista do direito internacional, segundo a qual a relação entre direito internacional e direitos estatais é uma relação entre superior e inferior.

Um segundo critério de classificação da relação entre ordenamentos é o que leva em conta a diferente *extensão* recíproca dos respectivos âmbitos de validade. Aqui podemos ter três tipos de relação:

a) de exclusão total;
b) de inclusão total;
c) de exclusão parcial (ou inclusão parcial).

*Exclusão total* significa que os âmbitos de validade de dois ordenamentos são delimitados de maneira a não se sobreporem um ao outro em nenhuma das suas partes. Poderemos tomar como exemplo típico o de dois ordenamentos estatais, que se excluem totalmente (salvo algumas exceções) quanto à validade espacial das respectivas normas jurídicas: podem ser representados como dois círculos que não têm nenhum ponto em

156 | TEORIA DO ORDENAMENTO JURÍDICO

comum. Estado e Igreja, ao invés, podem ser concebidos como reciprocamente excludentes, se se parte da teoria dos ordenamentos coordenados: aqui, porém, a exclusão ocorre não quanto à validade espacial (e de fato as normas da Igreja e as do Estado são válidas no mesmo território), mas quanto à respectiva validade material (a matéria regulada por um dos ordenamentos é diferente da regulada pelo outro). Em relação à diferente validade material, o ordenamento jurídico e o ordenamento moral são considerados como excludentes entre si por quem sustenta a teoria segundo a qual o direito e a moral distinguem-se pelo objeto diferente dos respectivos ordenamentos normativos: o direito regula as ações externas, a moral, as internas.

*Inclusão total* significa que um dos dois ordenamentos tem um âmbito de validade compreendido totalmente no do outro. Se considerarmos, por exemplo, a validade espacial, o ordenamento de um Estado-membro está compreendido totalmente no ordenamento do Estado federal. Considerando também a validade material, o ordenamento da Igreja está totalmente incluído no ordenamento do Estado em uma concepção de tipo erastiano das relações entre Estado e Igreja, isto é, em uma concepção em que não há matérias especificamente espirituais reservadas à Igreja, mas toda a jurisdição, seja em matéria espiritual, seja em matéria temporal, está reservada ao Estado. Há uma concepção do relacionamento entre direito e moral que pode ser representada como exemplo de inclusão total: aquela segundo a qual a extensão das regras jurídicas é mais restrita que a das regras morais e não há regra jurídica que não seja também regra moral. Essa concepção diz-se também teoria do direito como "mínimo ético", para indicar que o direito no seu conjunto compreende um mínimo de regras morais, aquele mínimo necessário à coexistência (isto é, para evitar o mal pior, que é o da desordem e da guerra).

*Exclusão parcial* e *inclusão parcial* significam que dois ordenamentos têm uma parte em comum e outra parte, não. Essa situação se verifica quando o ordenamento estatal absorve ou assimila um ordenamento diferente, como, por exemplo, o ordenamento da Igreja ou o ordenamento de uma associação particular, mas não o absorve totalmente: uma parte do

CAPÍTULO 5 – AS RELAÇÕES ENTRE OS ORDENAMENTOS JURÍDICOS | 157

ordenamento absorvido fica então fora do ordenamento estatal e continua a regular o comportamento dos seus membros em uma zona que é, em relação ao Estado, de mera licitude; por outro lado, o Estado se estende sobre muitas zonas do comportamento humano que são estranhas àquelas às quais se dirige o ordenamento parcial absorvido. Não importa, para caracterizar tão situação, que seja grande ou pequena a esfera comum: o que importa é que, além da esfera comum, em que dois ordenamentos vieram a coincidir, existam duas outras esferas, nas quais um dos ordenamentos não coincide com o outro. Na questão das relações entre direito e moral, a solução que apresenta tais relações como de inclusão parcial e exclusão parcial é talvez a mais comum: direito e moral, segundo esse modo de ver, em parte coincidem e em parte não, o que significa que há comportamentos obrigatórios tanto para um quanto para o outro, mas, além disso, existem comportamentos moralmente obrigatórios e juridicamente lícitos, e, inversamente, comportamentos juridicamente obrigatórios e moralmente lícitos. Que não se deva roubar vale tanto em moral como em direito; que se deva pagar as dívidas de jogo vale somente em moral; que se deva cumprir um ato com certas formalidades para que seja válido somente vale em direito.

Enfim, se considerarmos as possíveis relações entre ordenamentos por um terceiro ponto de vista, isto é, tomando como base a validade que um determinado ordenamento atribui às regras de outros ordenamentos com os quais entra em contato, encontramo-nos frente a três diferentes situações, que esquematicamente podemos formular assim:

a)  indiferença;
b)  recusa;
c)  absorção.

Por situação de *indiferença* entendemos aquela em que um ordenamento considera lícito o que em outro ordenamento é obrigatório: típico exemplo, é, por parte de um ordenamento jurídico como o italiano, no qual as dívidas de jogo são obrigações naturais, são as obrigações contraídas reciprocamente pelos jogadores. Por situação de *recusa* entendemos aquela em que um ordenamento considera proibido o que em outro ordenamento é obrigatório (ou, vice-versa, obrigatório aquilo que em outro é proibido): o mais típico exemplo é o das relações entre Estado e organizações criminosas. Por situação de *absorção*, enfim, entendemos aquela em que um ordenamento considera obrigatório ou proibido o que em outro ordenamento é também obrigatório ou proibido. Essa última situação pode assumir duas formas, que chamamos de reenvio formal e reenvio material, e, mais simplesmente, *reenvio* e *recepção*. Por "reenvio" entendemos o procedimento pelo qual um ordenamento deixa de regular dada matéria e acolhe a regulamentação estabelecida por fontes normativas pertencentes a outro ordenamento; por "recepção" entende-se o procedimento pelo qual um ordenamento incorpora ao próprio sistema a disciplina normativa de uma dada matéria assim como estabelecida em outro ordenamento.

## 3. Estado e ordenamentos menores

Na fenomenologia das relações entre os ordenamentos, ocupam lugar à parte as relações entre o ordenamento estatal e certos ordenamentos menores, cuja vida se desenvolve no interior da do Estado e se entrelaça de várias maneiras com esta. Aqui entendo por "ordenamentos menores" os que mantêm unidos os seus membros para fins parciais e que, portanto, alcançam somente uma parte da totalidade dos interesses das pessoas que compõem o grupo. Poderiam chamar-se também de "ordenamentos parciais", não fosse o fato de que verdadeiramente "total" não é nem o Estado e nem mesmo o Estado totalitário. Não me deterei a precisar se esses ordenamentos menores são também jurídicos ou não. São considerados jurídicos pela teoria institucional, que se limita a pedir como requisito da juridicidade um mínimo de organização. A questão de serem ou não jurídicos não tem, na presente discussão, relevo particular. Aqui nos interessa observar que o ordenamento jurídico de um Estado não é um bloco compacto: assim como o geólogo pesquisa os vários estratos da Terra, também o teórico do direito deverá colocar-se frente a um ordenamento jurídico com a atitude do historiador que nele busca as várias fases de formação. Quando falamos das fontes, no Capítulo 2, distinguimos ordenamentos simples e ordenamentos complexos; já repetimos várias vezes que os ordenamentos estatais são ordenamentos complexos. Podemos dizer

CAPÍTULO 5 – AS RELAÇÕES ENTRE OS ORDENAMENTOS JURÍDICOS | 159

agora que não são simples também em outro sentido, isto é, na medida em que são *compostos:* por "compostos" entendemos aqui que são *estratificados,* ou seja, resultantes de uma estratificação secular de ordenamentos diversos, a princípio independentes um do outro e depois, pouco a pouco, absorvidos e amalgamados no ordenamento estatal único ora vigente.

Um dos processos por meio do qual ocorreu essa estratificação é o procedimento de absorção de um ordenamento jurídico por parte de outro que, na seção anterior, chamamos de *recepção.* Na relação entre Estado e ordenamentos menores, um típico exemplo de recepção são aquelas partes do ordenamento estatal que originariamente eram ordenamentos parciais, surgidos em comunidades com interesses e finalidades particulares, como o direito comercial ou o direito da navegação, os quais, no início e durante longos séculos, foram o produto da atividade independente dos comerciantes e dos navegadores e, depois, pouco a pouco, introduzidos e integrados no ordenamento estatal único com a progressiva ampliação e reforço do monopólio jurídico do Estado. Naturalmente, ocorrida a recepção, não há mais vestígios do ordenamento originário, e somente a busca dos estratos o revelará. E essa busca não tem um relevo jurídico direto, mas um interesse principalmente histórico e para a teoria geral do direito.

Mas nem sempre ocorre a recepção: outras vezes, o processo por meio do qual o ordenamento estatal utiliza os ordenamentos menores é o do reenvio, quer dizer, o processo pelo qual um ordenamento não se apropria do conteúdo das normas de outro ordenamento, como ocorre na recepção, mas limita-se a reconhecer a sua plena validade no próprio âmbito. Por exemplo, a vida da família em colônia não está regulada por normas materialmente pertencentes ao ordenamento estatal: está regulada por costumes aos quais o ordenamento estatal atribui validade de normas jurídicas por meio de um reenvio de caráter geral. Se nos lembrarmos sempre de nossa definição de ordenamento jurídico como conjunto de regras de eficácia reforçada, no caso de ordenamentos menores, ao qual o ordenamento estatal remete, poderemos dizer que nos encontramos frente a regras de conduta formadas fora e independentemente do ordenamento estatal, às quais o Estado presta a própria proteção. Veja-se, por exemplo, a referência

160 | TEORIA DO ORDENAMENTO JURÍDICO

que a legislação italiana faz, em alguns casos, às regras da *integridade* (artigo 1.175 do Código Civil) e às de *integridade profissional* (artigo 2.598, § 3º, do Código Civil): trata-se de regras das relações sociais que são produzidas pelas exigências da convivência e da comunicação em condições particulares de ambiente e de atividade. O legislador italiano não diz quais sejam essas regras; limita-se a reconhecer sua existência e a dar a elas proteção, em determinados casos, como se fossem normas formuladas diretamente pelos próprios órgãos dotados de poderes normativos. Um Estado que venha a incorporar um grupo étnico com costumes, civilização e história muito diferentes das do grupo étnico predominante pode seguir a via da absorção e a da tolerância: a primeira requer, frente ao ordenamento menor, o procedimento que chamamos de recusa, isto é, o do desconhecimento das regras próprias do grupo étnico e da substituição violenta pelas normas já em vigor no ordenamento estatal; a segunda poderá ser realizada por meio do processo de reenvio, isto é, por meio da atribuição às normas, provavelmente a um grupo de normas, formadas integralmente no ordenamento menor, a mesma validade das normas próprias do ordenamento estatal, *como se* aquelas fossem idênticas a estas.

A atitude mais frequente do Estado em relação às regras de ordenamentos menores e parciais é a da *indiferença*. Isso quer dizer que tais ordenamentos têm suas ordens e suas proibições, mas o Estado não as reconhece. Essas ordens e essas proibições valem para as pessoas que aderem àquele ordenamento, e são condição necessária para a sua participação nele, mas o Estado não dá a elas nenhuma proteção, com a consequência de que se torna lícito no ordenamento estatal o que é ilícito no ordenamento não reconhecido. Típico exemplo dessa atitude é a que o Estado geralmente assume frente aos regulamentos dos jogos e dos esportes, e às obrigações assumidas pelos jogadores e pelos esportistas entre si. Para o jogo e a aposta, o legislador italiano dispôs, por meio do artigo 1.933, parágrafo primeiro, do Código Civil, que "não cabe ação pelo pagamento de uma dívida de jogo ou de aposta, mesmo se se tratar de jogo ou de aposta não proibidos". Que não caiba ação ao vencedor para obter o prêmio da vitória quer dizer que seu direito não está protegido; e que o seu direito não seja protegido

CAPÍTULO 5 – AS RELAÇÕES ENTRE OS ORDENAMENTOS JURÍDICOS | 161

quer dizer que não existe uma obrigação juridicamente relevante do perdedor. O que é obrigatório entre os jogadores, pagar as dívidas de jogo, não é obrigatório para o ordenamento estatal, isto é, é *lícito* não pagá-las. A dívida de jogo é um caso particular da mais ampla categoria das chamadas obrigações naturais, a que se refere o artigo 2.034 do Código Civil; são obrigações para as quais o legislador italiano "não concede ação", embora excluindo a repetição "daquilo que foi espontaneamente ofertado". O artigo 2.034 do Código Civil fala, em geral, de "deveres morais e sociais" sem outra especificação.

Às vezes, a atitude do Estado em relação aos ordenamentos menores é a da recusa. Caso típico, no ordenamento italiano, é o do duelo, que é certamente um comportamento obrigatório no ordenamento remanescente dos *gentlemen,* regulado pelo particular código de comportamento que é conhecido com o nome de "código cavalheiresco". O que é dever para quem se considera participante do ordenamento dos *gentlemen* é proibido no ordenamento estatal. O legislador italiano considera o duelo como um delito, sob título de "tutela arbitrária das próprias razões" (artigos 394-396 do Código Penal).

# 4. Relações temporais

As relações mais importantes, e mais merecedoras de estudo, são as que ocorrem entre os ordenamentos estatais, ou entre ordenamentos estatais, de um lado, e ordenamentos originários, aos quais se atribui por consenso comum caráter de ordenamentos jurídicos, como o ordenamento internacional e o ordenamento da Igreja Católica.

Tentemos uma classificação dessas relações partindo dos diferentes âmbitos de validade de um ordenamento, em particular dos âmbitos *temporal, espacial e material.* Se dois ordenamentos se diferenciam em face desses três âmbitos, é provável que não tenham entre si interferência alguma: portanto, um problema de suas relações nem mesmo está em questão. Quando se diz

## 162 | TEORIA DO ORDENAMENTO JURÍDICO

que se encontram entre si em relação de *total exclusão*, diz-se tudo, e não é necessário acrescentar mais nada. O exame das relações entre os ordenamentos torna-se interessante quando estes têm em comum dois desses âmbitos e diferem no terceiro. Basta a diferença de um dos três âmbitos para excluir a sua identificação, isto é, a relação de total superposição que seria tão pouco interessante quanto a da total exclusão. Mas ter em comum dois âmbitos é condição suficiente para o nascimento de interferências recíprocas que merecem alguma atenção.

Podem-se distinguir três tipos de relações entre ordenamentos, conforme o âmbito diferente seja temporal, espacial ou material:

1) Dois ordenamentos têm em comum o âmbito espacial e material, mas não o temporal. Trata-se do caso de dois ordenamentos estatais que se sucedem no tempo no mesmo território;

2) Dois ordenamentos têm em comum o âmbito temporal e o material, mas não o espacial. Trata-se da relação entre dois Estados contemporâneos, que vigem ao mesmo tempo e, grosso modo, regulam as mesmas matérias, mas em dois territórios diferentes;

3) Dois ordenamentos têm em comum o âmbito temporal e espacial, mas não o material. Trata-se da relação característica entre um ordenamento estatal e o ordenamento da Igreja (com particular atenção às igrejas cristãs, sobretudo à Igreja Católica): Estado e Igreja estendem sua jurisdição no mesmo território e ao mesmo tempo, mas as matérias reguladas por um e por outro são diferentes.

Comecemos a considerar neste parágrafo a primeira dessas três relações. Em resumo, trata-se da relação entre ordenamento velho e ordenamento novo, como se verifica, por exemplo, em seguida a uma revolução, que quebra a continuidade de um ordenamento jurídico (do ponto de vista interno, mas não do ponto de vista do direito internacional, para o qual vale o princípio *forma regiminis mutata non mutatur ipsa civitas*). O que se entende juridicamente por revolução? Entende-se a derrubada ilegítima de um ordenamento jurídico preexistente, executada internamente, e ao mesmo tempo a constituição de um ordenamento jurídico novo. A definição jurídica de revolução causou muitas controvérsias entre os ju-

CAPÍTULO 5 – AS RELAÇÕES ENTRE OS ORDENAMENTOS JURÍDICOS | 163

ristas porque apresenta duas faces: diante do ordenamento precedente é um fato ilegítimo (tanto é verdade que, se fracassa, os que nele se envolveram acabam mal, e não se chama mais nem revolução, mas insurreição, subversão etc.); diante do ordenamento posterior, que dele se origina, é o próprio fundamento da legitimidade de todo o ordenamento, isto é, é um fato constitutivo de direito. A dificuldade está em que, nas duas faces, ela é um fato. Carnelutti viu bem essa dificuldade, e divide os fatos jurídicos em bilaterais e unilaterais, conforme tenham caráter jurídico a situação inicial e a situação final, ou apenas uma das duas, e os unilaterais, por sua vez, em constitutivos (como o costume) e extintivos (como o descostume). Considera a revolução como um dúplice fato unilateral, ao mesmo tempo extintivo (do velho ordenamento) e constitutivo (do novo). E como pode um mero fato produzir direito? A pergunta não nos assusta, uma vez que acreditamos, e várias vezes repetimos, que o direito nasce do fato: o fundamento de um ordenamento jurídico é um poder tão grande que possui não só a autoridade de estabelecer normas para os membros de um grupo, mas também a força de fazê-las cumprir por aqueles que não querem saber delas.

De qualquer forma, as tentativas para dar uma definição jurídica do "fato" revolução são muitas, mas podem ser reduzidas a uma destas três possibilidades:[6]

a) A revolução é por si só um fato jurídico e, portanto, tem autonomia jurídica própria. É a teoria de Romano, segundo a qual a revolução é uma instituição, uma vez que é uma organização estatal em embrião, isto é, um ordenamento jurídico em separado, diferente tanto do ordenamento precedente, que se extingue, quanto do que dele vier a surgir;

b) A revolução é um fato juridicamente qualificado do ponto de vista de um ordenamento diferente do estatal. É a tese de Kelsen, segundo a qual a qualificação jurídica de revolução deve ser baseada no direito internacional: a revolução é só um dos processos previstos, e, portanto, legítimos (do ponto de vista do ordenamento internacional), mediante os quais pode ser mudado um ordenamento jurídico estatal;

---

6. Para um exame pormenorizado dos vários problemas ligados à revolução, conferir M. A. Cattaneo (1960).

164 | TEORIA DO ORDENAMENTO JURÍDICO

c) A revolução é um fato jurídico do ponto de vista do próprio direito interno ao Estado. É a teoria, talvez mais difundida, segundo a qual a *necessidade*, mesmo que não expressa, deve ser considerada entre as fontes do direito, e a revolução é uma manifestação específica da necessidade, que justifica aquilo que, fora daquele particular estado de necessidade, seria ilegítimo.

Seja lá como se justifique a mudança, é certo que com a revolução tem-se uma interrupção na continuidade: ela é como um divisor de águas entre um ordenamento e outro. Mas essa divisão é absoluta? O ordenamento velho e o novo estão em relação de exclusão recíproca entre si? Eis o problema. Mas a resposta só pode ser negativa: a revolução opera uma interrupção, mas não uma completa solução de continuidade; há o novo e o velho, mas há também o velho que se transfere para o novo, e o novo que se mistura com o velho. É fato que, normalmente, parte do velho ordenamento passa para o novo e apenas alguns princípios fundamentais referentes à constituição do Estado se modificam. Como se explica essa passagem? A melhor explicação é a que recorre à figura, já várias vezes empregada, da *recepção*. No novo ordenamento tem lugar uma verdadeira recepção de boa parte do velho; e se entendem comumente recebidas todas as normas que não sejam explícita ou implicitamente ab-rogadas.

O fato de o novo ordenamento ser constituído em parte por normas do velho não ofende em nada o seu caráter de novidade: as normas comuns ao velho e ao novo ordenamento pertencem apenas *materialmente* ao primeiro; *formalmente*, são todas normas do novo, no sentido de que são válidas não mais com base na norma fundamental do velho ordenamento, mas com base na norma fundamental do novo. Nesse sentido, falamos de recepção, e não pura e simplesmente de permanência do velho no novo. A recepção é um ato jurídico com o qual um ordenamento acolhe e adota normas de outro ordenamento, de modo que tais normas permanecem materialmente as mesmas, mas não são mais as mesmas quanto à forma.

Uma interessante tipologia das atitudes que o novo ordenamento jurídico pode assumir frente ao velho é extraída do Decreto Legislativo nº 249, de 5 de outubro de 1944, sobre a "Ordem da legislação nos territórios liber-

CAPÍTULO 5 – AS RELAÇÕES ENTRE OS ORDENAMENTOS JURÍDICOS | 165

tados", no qual os atos ou providências da República de Salò são distribuídos em quatro categorias:

a) *inválidos* (os atos do governo e em geral as leis);

b) *inválidos, mas revalidáveis* (os atos administrativos, enumerados no artigo 2º, e as sentenças do artigo 5º, parágrafo 2);

c) *válidos, mas invalidáveis* (os atos administrativos diferentes dos relacionados no artigo 2º e as sentenças do artigo 6º, parágrafo 2);

d) *válidos* (os atos de estado civil em geral).

# 5. Relações espaciais

O caso em que pode parecer que o estudo das relações entre ordenamentos não tenha muita matéria de exame é o da relação entre ordenamentos que têm validade espacial diferente, como é o caso de dois Estados cujas normas valem dentro de limites espaciais (o chamado território) bem definidos. Poder-se-ia pensar que aqui deveria ser aplicada a figura da exclusão recíproca: e, na realidade, os Estados consideram-se independentes uns dos outros, dotados de um poder originário e autônomo que lhes assegura a não ingerência no seu domínio reservado por parte de outros Estados. Mas há uma série de casos em que também o Estado recorre a normas de um outro para resolver algumas controvérsias. Trata-se daqueles casos estudados por uma disciplina jurídica especializada, o direito internacional privado, que faz parte didaticamente do curso de direito internacional, razão pela qual me limitarei aqui a algumas observações.

O direito regula, geralmente, relações intersubjetivas referentes a coisas, bens e serviços atinentes a um determinado território. Tudo corre bem quando os sujeitos da relação são cidadãos do mesmo Estado e a coisa a que se referem pertence ao território desse Estado. Mas e se um dos dois sujeitos é estrangeiro? Se os dois sujeitos pertencem a um Estado, mas a coisa a que se referem se encontra em outro Estado? Bastam essas duas perguntas para nos fazer entender que são infinitos os casos, sobretudo

166 | TEORIA DO ORDENAMENTO JURÍDICO

no mundo contemporâneo, em que as relações internacionais se intensificam, que podem ser resolvidos conforme se leve em conta a nacionalidade de um ou outro sujeito, ou a nacionalidade da coisa em relação à dos sujeitos, com normas pertencentes a dois ordenamentos diferentes. Mas, uma vez que em um caso só pode ser aplicada uma norma, é preciso escolher uma ou outra. Em alguns casos é escolhida a norma estrangeira. Em geral, pode-se dizer que em todo ordenamento moderno há casos que são resolvidos aplicando-se não uma norma do ordenamento, mas uma norma do ordenamento estrangeiro. Em resumo, verificam-se, não tão raramente, situações particulares nas quais têm vigor, em um ordenamento estatal, normas de outro ordenamento. Como se vê, esse é um caso, bastante claro e de enorme interesse prático, de reenvio de um ordenamento a outro, mais precisamente de reenvio entre dois ordenamentos que têm âmbito de validade espacial diferente.

O ordenamento italiano aplica muito as normas estrangeiras nos casos sujeitos à disciplina do direito internacional privado. Como é sabido, as normas que regulam esses casos fazem parte das Disposições Preliminares do Código Civil (arts. 17-31). Basta dar uma olhada nessas normas para perceber em quantas circunstâncias diferentes o juiz italiano deve aplicar a lei estrangeira.

O problema teórico que essas normas suscitam, e que foi objeto de intermináveis disputas, é o da natureza do reenvio por elas contemplado. Também para essa discussão remetemos ao curso de direito internacional. Limitamo-nos aqui a considerar as duas figuras de reconhecimento de um direito externo que chamamos de recepção e de reenvio. Não há dúvida de que as normas de direito internacional privado põem em vigor não uma recepção, mas um reenvio. Elas, de fato, não têm intenção de se apropriar do conteúdo de normas de outros ordenamentos em determinadas circunstâncias, mas indicam pura e simplesmente a fonte de onde a norma deverá ser tirada, seja qual for o seu conteúdo. Em outras palavras, em algumas circunstâncias, o direito italiano remete ao direito estrangeiro, não porque seja objetivamente melhor, isto é, dê uma solução mais justa, mas porque considera conveniente que cada situação tenha a sua regra certa: nesse caso,

CAPÍTULO 5 – AS RELAÇÕES ENTRE OS ORDENAMENTOS JURÍDICOS | 167

"a cada um o seu" significa "a cada um a própria regra". Tanto é verdade que a legislação estrangeira, à qual remete o ordenamento italiano naquela determinada matéria, pode mudar, mas a ela sempre se apela automaticamente. Aquilo a que o nosso ordenamento reenvia não é a *maneira* pela qual uma dada matéria está regulada, mas a *fonte* que a regula. Por isso, as normas de direito internacional privado foram chamadas de *normas sobre a produção jurídica*.

# 6. Relações materiais

De diversos gêneros são as relações entre o ordenamento do Estado e o ordenamento da Igreja Católica, considerado como ordenamento originário. As normas dos dois ordenamentos têm, além da mesma validade temporal, no sentido de que são contemporaneamente vigentes, a mesma validade espacial, no sentido de que são vigentes no mesmo território. Porém, não se identificam e apenas raramente se sobrepõem (e quando se sobrepõem nascem os célebres conflitos entre Estado e Igreja). Eles se diferenciam um do outro quanto ao âmbito de validade material: isso, em outras palavras, quer dizer que tanto um quanto o outro dirigem-se às mesmas pessoas, no mesmo território, ao mesmo tempo, mas regulam matérias diferentes. A linha de divisão entre os dois ordenamentos não é um limite espacial, como o que divide um Estado de outro, mas um limite ideal, muito mais difícil de determinar, entre a matéria espiritual e a matéria temporal. Como esse limite é mais dificilmente determinável, os casos de ingerência de um ordenamento no outro, e, portanto, de conflito, são mais frequentes que nas relações entre dois Estados e, também, de solução mais difícil. Além disso, enquanto nas relações entre Estados existe um ordenamento internacional, que compreende todos os Estados e pode dirimir seus conflitos, não existe um ordenamento superior que compreenda de maneira estável os Estados e as Igrejas, porque se trata de ordenamentos heterogêneos que não podem dar lugar a um ordenamento comum.

168 | TEORIA DO ORDENAMENTO JURÍDICO

A história das relações entre Estado e Igreja (do cristianismo em diante) é rica em conflitos. E é tão conhecida que não é preciso aqui nela nos determos. Durante séculos foram propostos vários tipos de soluções, classificadas das maneiras mais variadas. A classificação mais sintética nos parece a seguinte:

1) *Reductio ad unum.* Distingue-se conforme se trate da redução do Estado à Igreja (teocracia) ou da Igreja ao Estado (cesaropapismo na época imperial, erastianismo nos modernos Estados nacionais protestantes);

2) *Subordinação.* Aqui também é necessário distinguir duas teorias ou sistemas, conforme se pretenda que o Estado seja subordinado à Igreja (teoria, prevalentemente seguida pela Igreja Católica, da *potestas indirecta* ou da *potestas directiva* da Igreja sobre o Estado) ou que a Igreja seja subordinada ao Estado (jurisdicionalismo e territorialismo, durante o período das monarquias absolutas);

3) *Coordenação.* É o sistema baseado em relações concordatárias, que pressupõem o reconhecimento recíproco dos dois poderes como "cada qual, na própria ordem, independentes e soberanos" (art. 7º da Constituição italiana);

4) *Separação.* Segundo o sistema do separatismo, em voga, por exemplo, nos Estados Unidos, as Igrejas são consideradas como associações privadas, às quais o Estado reconhece a liberdade de desenvolver a sua missão dentro dos limites das leis.

Interessam-nos aqui as relações entre o Estado italiano e a Igreja Católica, tal como emergem do direito positivo vigente. Não se trata de dois ordenamentos fechados um ao outro: em particular o ordenamento estatal se refere, de várias maneiras, a instituições reguladas pelo direito canônico. Por outro lado, os problemas que nascem da atitude do Estado italiano diante da Igreja são objeto de uma disciplina particular, o direito eclesiástico, a que remetemos, assim como remetemos, na seção anterior, ao direito internacional. Aqui nos limitamos a chamar atenção sobre o fato de que a referência que o ordenamento do Estado italiano faz a normas do direito canônico foi assimilada por alguns (Checchini) às normas de direito internacional privado, das quais falamos na seção anterior. Mas é uma tese que recebeu mais críticas que consenso. Em contraposição, sustentou-se

CAPÍTULO 5 – AS RELAÇÕES ENTRE OS ORDENAMENTOS JURÍDICOS | 169

que as relações entre ordenamento estatal e ordenamento da Igreja devem preferencialmente ser assimiladas às do Estado com os ordenamentos jurídicos menores (Quadri). Mas a doutrina mais comum é que se trata de relações *sui generis*, nas quais se encontram, ao lado das figuras comuns às relações entre Estados, figuras características.

A doutrina colocou em relevo sobretudo duas figuras que me parecem se distinguir nitidamente do reenvio às normas de direito estrangeiro e, também, da figura da recepção, mesmo que a primeira das duas não deva ser considerada como figura característica do relacionamento entre ordenamento estatal e ordenamento da Igreja:

a) o *pressuposto*. Entende-se por "pressuposto" a situação em que o ordenamento externo (seja canônico, seja de outro Estado) é utilizado para determinar as características de um certo fato específico, ao qual o ordenamento interno atribui certas consequências que não são necessariamente as mesmas atribuídas pelo ordenamento externo. O Estado italiano certamente não atribui ao batismo as mesmas consequências a ele atribuídas pela Igreja. Porém, com as leis raciais de 1938, o batismo foi considerado como o "pressuposto" para a atribuição de consequências jurídicas próprias do Estado italiano. Do mesmo modo, o sacramento da ordem está regulado por normas do direito canônico, e certamente o Estado italiano não atribui à qualidade de clérigo as mesmas consequências atribuídas a ela pela Igreja, mas o ordenamento italiano pode fazer, em certas circunstâncias, da qualidade de clérigo um "pressuposto" para consequências jurídicas relevantes no próprio ordenamento (por exemplo, a isenção do serviço militar) (Cf. CHECCHINI, 1958, v. III, p. 94 ss.). É claro que essa forma de ligação entre dois ordenamentos não tem nada a ver com o reenvio, do qual já falamos (e muito menos com a recepção): com o reenvio, apela-se à norma externa em sua função própria de regra de um certo comportamento; com o pressuposto, apela-se ao comportamento regulado pela norma externa para atribuir-lhe novas consequências jurídicas. E é também indiscutível que essa figura

170 | TEORIA DO ORDENAMENTO JURÍDICO

do "pressuposto" não é própria das relações entre Estado e Igreja. O ordenamento italiano vale-se frequentemente de "pressupostos" cuja determinação deriva de normas de direito estrangeiro, como quando, por exemplo, refere-se a noções jurídicas como "cidadão estrangeiro", "chefe de Estado de uma nação estrangeira" etc.;

b) o *reconhecimento dos efeitos civis*. Trata-se do caso em que o Estado não assume um comportamento regulado pelo direito da Igreja como pressuposto da própria regulamentação, mas renuncia à própria regulamentação, limitando-se a atribuir à regulamentação dada pelo ordenamento da Igreja efeitos civis. Um caso, ainda que discutido, é o previsto no artigo 31 da Concordata, no qual se diz que "a criação de novos entes eclesiásticos ou associações religiosas será feita pela autoridade eclesiástica segundo as normas do direito canônico: o seu reconhecimento para efeitos civis será feito pelas autoridades civis". Também essa figura deve ser distinguida do reenvio próprio do direito internacional privado, que não seria exato definir como atribuição de efeitos civis a institutos regulados por normas estrangeiras. Diferentemente do pressuposto, é uma figura característica das relações entre o Estado italiano e a Igreja Católica. O exemplo mais importante e caracterizador é o reconhecimento do matrimônio canônico, ao qual são atribuídos, com base no artigo 54 da Concordata, os mesmos efeitos do matrimônio civil: por meio dessa instituição, um setor de um direito externo é acolhido no direito italiano como parte integrante dele, mediante um procedimento que se distingue tanto do reenvio quanto da recepção.

# REFERÊNCIAS

BERGBOHM, Karl. *Jurisprudenz und Rechtsphilosophie*. Leipzio: Duncker & Humblot, 1892.

BETTI, Emilio. *Interpretazione della legge e degli atti giuridici*. Milão: [s.n.], 1949.

BOBBIO, Norberto. *Contributi ad un Dizionario Giuridico*. Turim: Giappichelli, 1994.

BOBBIO, Norberto. *Da Estrutura à Função:* novos estudos da Teoria do Direito. Trad. Daniela Beccacia Versiani. Barueri: Manole, 2007.

BOBBIO, Norberto. *Dalla strutura alla funzione:* nuovi studi di teoria Del diritto. Milão: Laterza, 1977.

BOBBIO, Norberto. *Diário de um século:* autobiografia. Trad. Daniela Versiani. Rio de Janeiro: Campus, 1998.

BOBBIO, Norberto. *Diritto e Potere, Saggi su Kelsen*. Nápoles: Scientifiche Italiana, 1992.

BOBBIO, Norberto. *Diritto e Stato nel pensiero di Emanuele Kant*. 2. ed. Turim: Giappichelli, 1969.

BOBBIO, Norberto. *Giusnaturalismo e positivismo giuridico*. 2. ed. Milão: Di Comunità, 1972.

BOBBIO, Norberto. *Il Positivismo Giuridico*. Turim: Giappichelli, 1996.

BOBBIO, Norberto. La funzione promozionale del diritto rivisitata. *Sociologia del diritto,* Milão, v. 11, p. 9, set./dez. 1984.

BOBBIO, Norberto. *Locke e il diritto naturale*. Turim: Giappichelli, 1963.

BOBBIO, Norberto. *O Tempo da Memória:* de Senectute e outros escritos autobiográficos. Trad. Daniela Versiani. Rio de Janeiro: Campus, 1997.

BOBBIO, Norberto. *Studi per una Teoria Generale del Diritto*. Turim: Giappichelli, 1970.

BOBBIO, Norberto. *Teoria da Norma Jurídica*. 6. ed. São Paulo: Edipro, 2016.

BOBBIO, Norberto. *Teoria Generale del Diritto*. Turim: Giappichelli, 1993.

BRUNETTI, G. Ancora sul senso del problema delle lacune. In: BRUNETTI, G. *Scritti giuridici vari*. v. III. Turim: [s.n.], 1917.

BRUNETTI, G. Il dogma delle (...). In: BRUNETTI, G. *Scritti giuridici vari*. v. IV. Turim: [s.n.], 1924.

BRUNETTI, G. Il sendo Del problema delle lacune dell'ordinamento giuridico. In: BRUNETTI, G. *Scritti giuridici vari*. v. III. Turim: [s.n.], 1917.

BRUNETTI, G. Sul valore del problema delle lacune. In: BRUNETTI, G. *Scritti giuridici vari*. v. 1. Turim: [s.n.], 1913.

BRUNETTI, G. Sulle dottrine (...). In: BRUNETTI, G. *Scritti giuridici vari*. v. III. Turim: [s.n.], 1918.

CARNELUTTI, Francesco. *Teoria generale del diritto*. 2. ed. Roma: Foro Italiano, 1946.

CATANIA, Alfonso. Norberto Bobbio e il Diritto. In: PUNZI, Antonio. *Metodo Linguaggio Scienza del Diritto, Omaggio a Norberto Bobbio (1909-2004)*. Milão: Giuffrè, 2007.

CATTANEO, Mario A. *Il concetto di rivoluzione nella scienza del diritto*. Milão: [s.n.], 1960.

CAVAZZI, G. *Della Antinomie*. Turim: [s.n.], 1959.

CHECCHINI, A. L'ordinamento canonico nel diritto italiano. In: CHECCHINI, A. *Scritti giuridici e storico-giuridici*. Pádua: [s.n.], 1958.

REFERÊNCIAS | 173

CRISAFULLI, Vezio. *La costituzione e le sue disposizioni di principio*. Milão: [s.n.], 1952.

CRISAFULLI, Vezio. *Per la determinazione del concetto dei principi generali del diritto*. In: Rivista Internazionale di filosofia del diritto, 1941.

CRUET, Jean. *La vie du droit et l'impuissance des lois*. Paris: Flammarion, 1914.

DANTAS, San Tiago. *Dom Quixote:* um apólogo da alma ocidental. Rio de Janeiro: Agir, 1948.

DONATI, Donato. *Il problema delle lacune dell'ordinamento giuridico*. Milão: [s.n.], 1910.

EHRLICH, Eugen. *Die juristische Logik*. Tübingen: Mohr, 1925.

FERRARI, Vincenzo. L'analisi funzionale in sociologia del diritto. *Sociologia del diritto*, Milão, v. 7, n. 1, 1980.

FROSINI, Vittorio. Neostrutturalismo e dialletica funzionale nel diritto. *Sociologia del dirito*, Milão, v. 7, n. 1, 1980.

GÉNY, François. *Méthode d'interprétation et sources du droit positif*. 2. ed. Paris: L.G.D.J., 1919.

GIANFORMAGGIO, Leticia. Funzione o técnica? *Sociologia del diritto*, Milão, v. 7, n. 1, 1980.

GUASTINI, Riccardo. La Teoria Generale del Diritto. In: BOBBIO, Norberto. *Tra diritto e Politica*. Roma: Laterza, 2005.

JORI, Mario. Esiste una funzione promozionale del diritto? *Sociologia del diritto*, Milão, v. 2, 1977.

KANTOROWICZ, Hermann. *Der Kampf um die Rechtswissenschaft*. [S.l.]: [s.n.], 1906.

KELSEN, Hans. *Teoria Generale der Diritto e Dello Stato*. Milão: Comunità, 1952.

KELSEN, Hans. *Teoria Pura do Direito*. 8. ed. São Paulo: RT, 2009.

LEIBNIZ, G. W. Elementi di diritto naturale. In: LEIBNIZ, G. W. *Scritti politici e di diritto naturale*. Turim: Utet, 1951.

LEIBNIZ, G. W. Riflessioni sulla nozione comune di giustizia. In: LEIBNIZ, G. W. *Scritti politici e di diritto naturale*. Turim: Utet, 1951.

174 | TEORIA DO ORDENAMENTO JURÍDICO

LUMIA, Giuseppe. A proposito de struttura, funzione e ideologia nel diritto. *Sociologia del diritto*, Milão, v. 2, 1978.

MANZONI, Alessandro. I promessi sposi. Turim: Einaudi, 1972. In: BALOSSINI, C. *Consuetudini, usi, pratiche, regole del costume*. Milão: [s.n.], 1958.

MESSIONEO, F. Variazioni sul concetto di "rinuncia allá prescrizione". In: *Riv. Trim. Dir. e Proc. Civ.* n. XI, 1957.

MIGUEL, Alfonso Ruiz. *Estudio preliminar: Bobbio y el positivismo jurídico italiano*. In: BOBBIO, Norberto. *Contribución a la Teoria del Derecho*. Valência: Fernando Torres, 1980.

MIGUEL, Alfonso Ruiz. *Contribución a la teoria del derecho*. Madri: Universidad Autónoma de Madrid, 1980.

MIGUEL, Alfonso Ruiz. *Política, história y derecho en Norberto Bobbio*. México: Distribuciones Fontamara, 2000.

MORIM, Gaston. *La révolte des faits contre la loi*. Paris: Grasset, 1920.

PERASSI, T. *Introduzione alle scienze giuridiche*. [S.l.]: [s.n.], 1953.

ROMANO, Santi. *Osservazioni sulla completezza dell'ordinamento statale*. Modena: Facoltà di Giurisprudenza della Regia Università di Modena, 1925.

ROSS, Alf. *On Law and Justice*. London: Stevens & Sons, 1958.

SAVIGNY, F. C. Von. *Sistema del diritto romano attuale*. Trad. Vittorio Scialoja. Turim: [s.n.], 1886.

SLAVI, F. L'errore nell'accertamento della filiazione naturale. In: *Riv. Trim. Dir. e proc. Civ.* [S.l.], v. VI, 1952.

TOMEO, Vincenzo. Il diritto come segno del potere. *Sociologia del diritto*, Milão, v. 7, n. 1, 1980.

VECCHIO, Giorgio Del. Sur principi generali del diritto. In: VECCHIO, Giorgio Del. *Studi sul diritto*. v. I. Milão: [s.n.], 1958.

ZITELMAN, Ernst. *Lücken im Recht*. Leipzig: Duncker & Humblot, 1903.

Este livro foi impresso pela Gráfica Eskenazi
em fonte Garamond Premier Pro sobre papel Pólen Bold 70 g/m²
para a Edipro no inverno de 2020.